Dr. Jaerock Lee

DIEVAS GYDYTOJAS

URIM BOOKS

„*Jeigu iš tikrųjų klausysite VIEŠPATIES, savo Dievo, balso, sakė jis [VIEŠPATS], ir darysite, kas dora jo akyse, paisydami jo įsakymų ir laikydamiesi visų jo nuostatų, nevarginsiu jūsų jokia liga, kuriomis varginau egiptiečius, nes esu jus gydantis VIEŠPATS.*" *(Išėjimo knyga 15, 26).*

DIEVAS GYDYTOJAS by Dr. Jaerock Lee
Published by Urim Books (President: Johnny.H. Kim)
235-3, Guro-dong3, Guro-gu, Seoul Korea
www.urimbooks.com

Visos teisės saugomos. Šios knygos ar jos dalių panaudojimas bet kokia forma, saugoma paieškos sistemoje, arba perduodama bet kokia forma ir bet kokiomis priemonėmis – elektroninėmis, mechaninėmis, fotokopijų, įrašų ar kitomis – be išankstinio raštiško leidėjo sutikimo yra draudžiamas.

Copyright © 2009 by Dr. Jaerock Lee
ISBN: 979-11-263-1154-5 03230
Translation Copyright © 2005 by Dr. Esther K. Chung. Used by permission.

Urim Books išleista korėjiečių kalba 1992 m.

Pirmas leidimas – 2005 m. kovas
Antras leidimas – 2007 m. vasaris
Trečias leidimas – 2009 m. rugpjūtis

Redaktorė Dr. Geumsun Vin
Leidėjas Editorial Bureau of Urim Books
Daugiau informacijos: urimbook@hotmail.com

Įžanga

Šiandien, civilizacijai žengiant į priekį, žmonės turi vis daugiau laiko ir išteklių. Siekdami sveikesnio ir patogesnio gyvenimo jie investuoja laiką ir išteklius, ieškodami naudingos informacijos. Tačiau žmogaus gyvybė, senėjimas, ligos ir mirtis yra Dievo valdžioje, jie nepavaldūs pinigams ir žinioms. Nepaisant nepaprastų medicinos mokslo pasiekimų ir per šimtmečius sukauptų žinių, neišgydomomis ligomis sergančių ligonių skaičius nuolat auga.

Pasaulio istorijoje buvo daugybė išmintingų įvairių tikėjimų žmonių – įskaitant Budą ir Konfucijų – bet visi jie nutildavo susidūrę su šiuo klausimu ir nė vienas iš jų neišvengė senėjimo, ligų ir mirties. Tai žmogui neišsprendžiami nuodėmės ir žmonijos išgelbėjimo klausimai.

Šiandien turime daugybę lengvai pasiekiamų ligoninių ir vaistinių, kurios pasiruošę apsaugoti visuomenę nuo ligų ir padaryti mus sveikus. Tačiau mūsų kūnai ir pasaulis užkrėsti įvairiausiomis ligomis, nuo gripo iki neaiškios kilmės ligų, kurios yra neišgydomos. Žmonės kaltina klimatą ir aplinką arba laiko tai gamtos ar fiziologiniu reiškiniu ir pasitiki vaistais bei medicinos technologijomis.

Norėdami visiškai išgyti ir gyventi sveiką gyvenimą, turime suprasti, iš kur atsirado ligos ir kaip gauti išgydymą. Evangelija ir tiesa visada turi dvi puses: prakeikimas ir bausmė laukia žmonių, nepriimančių tiesos, bet priimančiųjų laukia palaiminimai ir gyvenimas. Dievo valia tiesa paslėpta nuo tų, kas jaučiasi išmintingi ir protingi kaip fariziejai ir Rašto aiškintojai; ir apreiškiama tiems, kas kaip vaikai trokšta jos ir atveria savo širdį (Evangelija pagal Luką 10, 21).

Dievas aiškiai pažadėjo palaiminimus tiems, kas klauso Jo įsakymų ir gyvena pagal juos, ir išvardijo daugybę prakeikimų bei visokiausių ligų, laukiančių tų, kas neklausys Jo įsakymų (Pakartoto Įstatymo knyga 28, 1-68).

Primindama Dievo žodį netikintiesiems ir jį primiršusiems tikintiesiems, ši knyga siekia nukreipti juos teisingu keliu į laisvę nuo ligų ir negalių.

Klausykite, skaitykite ir supraskite Dievo žodį, kad jis taptų jūsų maistu, ir tegul gelbstinčio ir gydančio Dievo galia išgydo

Įžanga · vii

visas jūsų ligas, ir sveikata visada tepasilieka jumyse ir jūsų šeimose, meldžiu mūsų Viešpaties vardu!

Jaerock Lee

Turinys

Priekšvārds

1. skyrius
Ligų atsiradimas ir gydantys spinduliai   1

2. skyrius
Ar norėtum pasveikti?   15

3. skyrius
Dievas Gydytojas   37

4. skyrius
Mes buvome išgydyti Jo žaizdomis   53

5. skyrius
Valdžia gydyti negalias   73

6. skyrius
Kaip išgydyti demonų apsėstuosius   89

7. skyrius
Raupsuotojo Naamano tikėjimas ir paklusnumas   109

1 skyrius

Ligų atsiradimas ir gydantys spinduliai

Malachijo knyga 3, 20

Bet jums, bijantiems mano vardo, patekės teisumo saulė su gydančiais spinduliais. Jūs išeisite šokinėdami tarsi veršiukai, išleisti iš gardo

Ligų priežastis

Žmonės šioje žemėje trokšta gyventi sveiki ir laimingi, todėl valgo įvairiausią naudingą sveikatai maistą ir ieško slaptų laimingo gyvenimo receptų. Nepaisant civilizacijos ir medicinos mokslo pažangos, žmonija nepajėgia užkirsti kelio nepagydomoms ligoms. Ar žmonės negali ištrūkti iš juos kamuojančių ligų, gyvendami šioje žemėje?

Dauguma žmonių skuba kaltinti klimatą ir aplinką arba laiko ligas gamtos ar fiziologiniu reiškiniu ir pasikliauja vaistais ir medicinos technologijomis. Tačiau kiekvienas, supratęs visų ligų ir negalių priežastį, gali išsilaisvinti iš jų.

Biblija atskleidžia mums, kaip gyventi laisviems nuo ligų, ir paaiškina, kaip sergantiems sulaukti išgydymo:

„Jeigu iš tikrųjų klausysite VIEŠPATIES, savo Dievo, balso, sakė jis [VIEŠPATS], ir darysite, kas dora jo akyse, paisydami jo įsakymų ir laikydamiesi visų jo nuostatų, nevarginsiu jūsų jokia

4 · DIEVAS GYDYTOJAS

liga, kuriomis varginau egiptiečius, nes esu jus gydantis VIEŠPATS." (Išėjimo knyga 15, 26).

Tai neklystantis Dievo žodis, valdantis žmogaus gyvenimą, mirtį, prakeikimus ir palaiminimus, duotas mums asmeniškai. Kas yra ligos ir kodėl žmonės jomis suserga? Medicinine prasme „liga" yra organizmo veikimo sutrikimas – sveikatos pairimas, kurį dažniausiai sukelia ir platina bakterijos. Kitaip tariant, liga yra nenormali kūno būsena, sukelta nuodų arba bakterijų.

Išėjimo knyga 9, 8-9 pasakoja apie tai, kaip vočių rykštė ištiko Egiptą:

Tada VIEŠPATS tarė Mozei ir Aaronui: „Pasisemkite kiekvienas po rieškučias suodžių iš krosnies. Mozė teberia jas į orą faraono akivaizdoje. Jos pavirs dulkelėmis virš Egipto žemės ir sukels pūliuojančias votis žmonėms ir gyvuliams visoje Egipto žemėje."

Išėjimo knygoje 11, 4-7 parašyta, kad Dievas atskyrė Izraelio tautą nuo Egipto tautos. Izraelitai, kurie garbino Dievą, liko nepaliesti Dievo rykštės, kai egiptiečiai, kurie negarbino Dievo ir negyveno pagal Jo valią, neteko savo pirmagimių.

Biblijoje sužinome, kad net ligos yra Dievo valdžioje. Jis apsaugo nuo ligų tuos, kas garbina Jį, tačiau ligos apninka tuos, kas nuodėmiauja, nes Jis nusigręžia nuo jų.

Kodėl ligos kamuoja žmones? Ar Dievas Kūrėjas sukūrė ligas pasaulio sukūrimo metu, kad žmogus gyventų susirgimo pavojuje? Dievas Kūrėjas sukūrė žmogų ir valdo viską visatoje gerumu, teisumu ir meile.

Pradžios knygoje 1, 26-28 parašyta:

Tuomet Dievas tarė: „Padarykime žmogų pagal mūsų paveikslą ir panašumą; tevaldo jis ir jūros žuvis, ir padangių sparnuočius, ir galvijus, ir visus laukinius žemės gyvulius, ir visus žemėje šliaužiojančius roplius!" Dievas sukūrė žmogų pagal savo paveikslą, pagal savo paveikslą sukūrė jį; kaip vyrą ir moterį sukūrė juos. Dievas palaimino juos, tardamas: „Būkite vaisingi ir dauginkitės, pripildykite žemę ir valdykite ją! Viešpataukite ir jūros žuvims, ir padangių paukščiams, ir visiems žemėje judantiems gyvūnams."

6 · DIEVAS GYDYTOJAS

Sukūręs pačią tinkamiausią aplinką žmogaus gyvenimui (Pradžios knyga 1, 3-25), Dievas sukūrė žmones pagal savo paveikslą, palaimino juos ir suteikė jiems aukščiausio laipsnio laisvę ir valdžią.

Laikas bėgo, žmonės laisvai džiaugėsi Dievo suteiktais palaiminimais, kol klausė Jo įsakymų, ir gyveno Edeno sode, kuriame nebuvo ašarų, liūdesio, kančių ir ligų. Kai Dievas apžvelgė visa, ką buvo padaręs, ir matė, kad tai buvo labai gera (Pradžios knyga 1, 31), Jis davė žmogui vieną įsakymą: „Nuo visų sodo medžių tau leista valgyti, bet nuo gero bei pikto pažinimo medžio tau neleista valgyti, nes kai tik nuo jo paragausi, turėsi mirti." (Pradžios knyga 2, 16-17).

Kai klastingas žaltys pamatė, kad žmonės, užuot įsidėmėję, primiršo Dievo įsakymą, jis gundė Ievą, pirmojo žmogaus žmoną. Kai Adomas ir Ieva valgė nuo gero bei pikto pažinimo medžio ir nusidėjo (Pradžios knyga 3, 1-6), jie tapo mirtingi, kaip Dievas ir buvo įspėjęs (Laiškas romiečiams 6, 23).

Žmogui padarius nepaklusnumo nuodėmę ir susidūrus su atpildu už nuodėmę, mirtimi, žmogaus dvasia – jo valdovė – taip pat numirė, ir ryšys tarp žmogaus ir Dievo nutrūko. Žmonės buvo išvaryti iš Edeno sodo ir gyveno su ašaromis, širdgėla, kančiomis, ligomis ir mirtimi. Žemė buvo prakeikta, ji želdino erškėčius ir usnis, o žmonės turėjo maitintis savo veido prakaitu (Pradžios knyga 3, 16-24).

Todėl pagrindinė ligų priežastis yra pirmapradė nuodėmė, gimusi iš Adomo nepaklusnumo. Jeigu Adomas būtų klausęs Dievo, jis nebūtų buvęs išvarytas iš Edeno sodo, bet būtų amžinai gyvenęs sveikas. Kitaip tariant, per vieną žmogų visi žmonės tapo nusidėjėliais ir gyvena visokiausių kančių ir ligų pavojuje. Nė vienas, neišsprendęs nuodėmės problemos, nebus paskelbtas teisiu žmogumi Dievo akyse, vykdydamas įstatymą (Laiškas romiečiams 3, 20).

Teisumo saulė su gydančiais spinduliais

Malachijo knyga 3, 20 sako: „Bet jums, bijantiems mano vardo, patekės teisumo saulė su gydančiais spinduliais. Jūs išeisite šokinėdami tarsi veršiukai, išleisti iš gardo." Čia „teisumo saulė" reiškia Mesiją.

8 · DIEVAS GYDYTOJAS

Dievas pasigailėjo žmonijos, einančios pražūties ir kančių keliu, ir atpirko mus iš visų mūsų nuodėmių per Jėzų Kristų, leisdamas Jam būti nukryžiuotam ir išlieti visą savo kraują. Todėl dabar kiekvienas, kuris priėmė Jėzų Kristų, gavo nuodėmių atleidimą ir pasiekė išgelbėjimą, gali būti laisvas nuo ligų ir gyventi sveikas. Pagal prakeikimą žmogus turėjo gyventi ligų pavojuje iki mirties, bet Dievo meilė ir malonė dabar atvėrė kelią į laisvę nuo ligų.

Kai Dievo vaikai priešinasi iki kraujo, grumdamiesi su nuodėme (Laiškas hebrajams 12, 4) ir gyvena pagal Jo žodį, Jis apsaugo juos savo liepsnojančiu žvilgsniu ir apsupa juos ugnine Šventosios Dvasios siena, kad jokie ore esantys nuodai neprasiskverbtų į jų kūną. Net jeigu Dievo vaikas suserga, kai jis atgailauja ir palieka nuodėmes, Dievas sunaikina ligą ir išgydo pakenktas jo kūno dalis. Tai išgydymas „teisumo saule".

Šiuolaikinė medicina sukūrė ultravioletinių spindulių terapiją, kuri šiandien plačiai naudojama įvairių ligų prevencijai ir gydymui. Ultravioletiniai spinduliai efektyviai dezinfekuoja ir sukelia cheminius pokyčius organizme. Ši terapija sunaikina apie 99 procentus žarninių lazdelių, difterijos ir dizenterijos bacilų bei efektyviai gydo tuberkuliozę, rachitą, mažakraujystę, reumatizmą ir odos ligas. Gydymas ultravioletiniais spinduliais labai veiksmingas, tačiau negali būti taikomas visų ligų gydymui.

Tik „teisumo saulė su gydančiais spinduliais", apie kurią kalba Šventasis Raštas, turi galią išgydyti visas ligas. Teisumo saulės spinduliai gydo visas ligas ir tinka visiems žmonėms, nes Dievas gydo paprastu, tobulu ir geriausiu būdu.

Netrukus po mano bažnyčios įkūrimo pas mane buvo neštuvais atneštas mirštantis ligonis, kenčiantis nepakeliamą skausmą nuo paralyžiaus ir vėžio. Jis negalėjo kalbėti, nes jo liežuvis buvo sustingęs, ir pajudėti, nes visas jo kūnas buvo paralyžiuotas. Gydytojai buvo bejėgiai, todėl ligonio žmona, kuri tikėjo Dievo galybe, paragino savo vyrą viską atiduoti Dievui. Supratęs, kad vienintelė viltis išsaugoti savo gyvybę buvo Dievas, ligonis bandė garbinti Jį, nors negalėjo nė pajudėti, o jo žmona karštai meldėsi su tikėjimu ir meile. Matydamas judviejų tikėjimą aš taip pat karštai meldžiausi už jį. Netrukus šis žmogus, anksčiau persekiojęs savo žmoną už tikėjimą Jėzumi, ėmė iš visos širdies atgailauti, ir Dievas nukreipė į jį gydantį spindulį, pripildė jį Šventosios Dvasios ugnimi ir apvalė jo kūną. Aleliuja! Kai ligų priežastis buvo sudeginta, šis žmogus pradėjo vaikščioti ir bėgioti, jis visiškai pasveiko. Nereikia nė sakyti, kaip Manmin bažnyčios nariai garbino Dievą ir džiaugėsi, pamatę šį stebuklingą Dievo suteiktą išgydymą.

Jums, bijantiems mano vardo

Mūsų Dievas yra visagalis, Jis sukūrė visatą savo žodžiu ir padarė žmogų iš dulkių. Dievas yra mūsų Tėvas, todėl jeigu susirgę visiškai pasikliausime Juo savo tikėjimu, Jis pamatys bei pripažins mūsų tikėjimą ir mielai mus išgydys. Gydytis ligoninėje nėra blogai, bet Dievas džiaugiasi savo vaikais, kurie tiki Jo visažinyste ir visagalybe, karštai šaukiasi Jo, gauna išgydymą ir atiduoda garbę Jam.

Karalių antroje knygoje 20, 1-11 pasakojama apie Ezekiją, Judo karalių, kuris susirgo, kai Asirija užpuolė jo karalystę, bet buvo visiškai išgydytas po to, kai tris dienas meldėsi Dievui, ir jo gyvenimas buvo pratęstas penkiolika metų.

Dievas per pranašą Izaiją Ezekijui pasakė: „Sutvarkyk savo

reikalus, nes mirsi. Tu nebeišgysi." (Karalių antra knyga 20, 1; Izaijo knyga 38, 1). Kitaip sakant, Ezekijui buvo paskelbtas mirties nuosprendis ir liepta susitvarkyti savo karalystės ir šeimos reikalus. Tačiau Ezekijas nusigręžė veidu į sieną ir meldėsi VIEŠPAČIUI (Karalių antra knyga 20, 2). Karalius suprato, kad liga buvo jo santykių su Dievu padarinys, jis viską atidėjo į šalį ir pasiryžo melstis.

Ezekijui karštai ir su ašaromis meldžiantis, Dievas išklausė jį ir davė pažadą: „Girdėjau tavo maldą ir mačiau tavo ašaras. Penkiolika metų pridėsiu prie tavo dienų! Be to, tave ir šį miestą išgelbėsiu nuo Asirijos karaliaus. Aš būsiu skydas šiam miestui" (Izaijo knyga 38, 5-6). Galime tik įsivaizduoti, kaip uoliai ir karštai meldėsi Ezekijas, jeigu Dievas jam atsakė: „Girdėjau tavo maldą ir mačiau tavo ašaras."

Dievas atsakė į Ezekijo maldavimą ir visiškai išgydė karalių, kuris jau po trijų dienų pajėgė nueiti į Dievo šventyklą. Be to, Dievas pratęsė Ezekijo gyvenimą penkiolika metų, kurių metu saugojo Jeruzalės miestą nuo Asirijos grėsmės.

Ezekijas gerai žinojo, kad gyvenimas ir mirtis yra pavaldūs

12 · DIEVAS GYDYTOJAS

Dievui, meldimasis Dievui jam buvo pats svarbiausias. Dievas džiaugėsi nuolankia Ezekijo širdimi ir tikėjimu, pažadėjo išgydyti jį ir, kai Ezekijas paprašė išgydymo ženklo, sugrąžino atgal šešėlį dešimčia pakopų, kuriomis saulė buvo nusileidusi ant Ahazo laiptų (Karalių antra knyga 20, 11). Mūsų Dievas yra gydantis Dievas ir labai dėmesingas Tėvas, kuris duoda tiems, kas Jo prašo.

Metraščių antroje knygoje 16, 12-13 užrašytas priešingas atvejis: „Trisdešimt devintais savo karaliavimo metais Asa susirgo kojų liga. Jo liga buvo sunki, tačiau net sirgdamas jis neieškojo VIEŠPATIES, bet kreipėsi į gydytojus. Asa užmigo su savo protėviais, numiręs keturiasdešimt pirmais savo karaliavimo metais." Savo karaliavimo pradžioje „Asa darė, kas dora VIEŠPATIES akyse, kaip jo tėvas Dovydas buvo daręs" (Karalių pirma knyga 15, 11). Jis pradėjo valdyti išmintingai, bet palaipsniui prarado tikėjimą Dievu ir ėmė labiau pasitikėti žmonėmis, todėl nesulaukė pagalbos iš Dievo.

Kai Izraelio karalius Baša užpuolė Judą, Asa kreipėsi pagalbos į Ben Hadado karalių Aramą, ne į Dievą. Regėtojas Hananis perspėjo Asą, bet šis nepakeitė savo planų ir net įkalino regėtoją

Ligų atsiradimas ir gydantys spinduliai · 13

bei žiauriai elgėsi su žmonėmis (Metraščių antra knyga 16, 7-10).

Prieš Asai pradedant pasitikėti karaliumi Aramu, Dievas neleido Aramo kariuomenei įžengti į Judo karalystę. Nuo to laiko, kai Asa ėmė pasitikėti Aramo karaliumi, bet ne savo Dievu, Judo karalius nebegalėjo tikėtis Jo pagalbos. Be to, Dievas nesidžiaugė karaliumi Asa, kuris ieškojo gydytojų pagalbos, bet ne Dievo. Štai kodėl Asa mirė po dvejų metų, susirgęs kojų liga. Nors Asa ir išpažino tikėjimą Dievu, jis neparodė tikėjimo darbų ir nesišaukė Dievo, todėl visagalis Dievas niekuo negalėjo padėti šiam karaliui.

Gydantis spindulys iš mūsų Dievo gali išgydyti visas ligas, paralyžiuotieji gali atsistoti ir vaikščioti, aklieji praregėti, kurtieji girdėti, numirusieji prisikelti. Dievas Gydytojas turi beribę galią, todėl ligos sunkumas Jam neturi jokios reikšmės. Dievui Gydytojui visiškai nesunku išgydyti visas ligas, nuo nedidelio peršalimo iki paskutinės stadijos vėžio. Daug svarbiau, su kokia širdimi mes ateiname pas Dievą, panašia į Asos ar Ezekijo.

Priimkite Jėzų Kristų, gaukite nuodėmių atleidimą, tapkite teisiaisiais tikėjimu, garbinkite Dievą su nuolankia širdimi ir tikėjimu, lydimu darbų kaip karaliaus Ezekijo, būkite išgydyti nuo visų ligų ir visada gyvenkite sveiki, meldžiu mūsų Viešpaties vardu!

2 skyrius

Ar norėtum pasveikti?

Evangelija pagal Joną 5, 5-6

Ten buvo vienas žmogus, išsirgęs trisdešimt aštuonerius metus. Pamatęs jį gulintį ir sužinojęs jį labai seniai sergant, Jėzus paklausė: „Ar norėtum pasveikti?"

Ar norėtum pasveikti?

Žmonės, nepažįstantys Dievo, ieško Jo ir ateina pas Jį įvairiais būdais. Kai kurie ateina pas Jį, klausydami savo geros sąžinės, kiti susitinka su Juo, išgirdę evangeliją. Kai kurie žmonės atranda Dievą, nusivylę gyvenimu per nesėkmes ar nesutarimus šeimoje. Kiti atveria Jam širdį po nepakeliamų fizinių skausmų arba iš mirties baimės.

Norėdamas atiduoti savo ligą Dievui ir pasveikti, žmogus turi trokšti išgydymo labiau už viską, kaip neįgalusis, kentėjęs skausmą trisdešimt aštuonerius metus prie Betzatos maudyklės.

Jeruzalėje, prie Avių vartų, buvo maudyklė, hebrajiškai vadinama Betzata, turėjusi penkias stogines, kuriose gulėdavo daugybė aklų, raišų ir paralyžiuotų ligonių, nes, pasak legendos, kartkartėmis maudyklėn nusileisdavo Dievo angelas ir sujudindavo vandenį. Kas, vandeniui sujudus, pirmas įlipdavo į tvenkinį, kurio pavadinimas, išvertus iš hebrajų kalbos buvo „Gailestingumo namai", pagydavo, kad ir kokia liga būtų sirgęs.

18 · DIEVAS GYDYTOJAS

Pamatęs žmogų, trisdešimt aštuonerius metus gulintį prie tvenkinio, ir žinodamas, kaip ilgai jis kankinasi, Jėzus paklausė: „Ar norėtum pasveikti?" Neįgalus žmogus atsakė: „Viešpatie, aš neturiu žmogaus, kuris, vandeniui sujudėjus, mane įkeltų į tvenkinį. O kol pats nueinu, kitas įlipa greičiau už mane." (Evangelija pagal Joną 5, 7). Šiais žodžiais jis prisipažino Viešpačiui, kad labai trokšta išgydymo, bet negali pirmas pasiekti vandens. Viešpats matė jo širdį ir tarė: „Kelkis, imk savo gultą ir eik!" Jis akimirksniu išgijo: atsikėlęs pasiėmė savo gultą ir nuėjo (Evangelija pagal Joną 5, 8).

Jūs turite priimti Jėzų Kristų

Trisdešimt aštuonerius metus sirgęs neįgalus žmogus buvo akimirksniu išgydytas, susitikęs Jėzų Kristų. Kai šis žmogus įtikėjo į Jėzų Kristų, tikrojo gyvenimo šaltinį, jam buvo atleistos visos nuodėmės ir išgydyta jo liga.

Ar jūs kenčiate nuo kokios nors ligos? Jeigu ligos kamuoja jus, ir jūs norite ateiti pas Dievą ir būti išgydyti, visų pirma turite priimti Jėzų Kristų, tapti Dievo vaikais ir gauti nuodėmių atleidimą, kad pašalintumėte bet kokią kliūtį tarp savęs ir Dievo. Jūs turite tikėti, kad Dievas yra visažinis ir visagalis, Jis gali padaryti bet kokį stebuklą. Turite tikėti, kad mes atpirkti nuo visų ligų Jėzaus krauju, ir prašydami Jėzaus Kristaus vardu būsite išgydyti.

Kai prašysime su tokiu tikėjimu, Dievas išgirs mūsų tikėjimo maldą ir išgydys mus. Nesvarbu, kokia sena ir sunki jūsų liga, atiduokite visas savo problemas Dievui žinodami, kad galite akimirksniu tapti sveiki, kai Dievo galia jus išgydys.

Evangelija pagal Morkų 2, 3-12 pasakoja, kaip paralyžiuotas žmogus išgirdęs, kad Jėzus atėjo į Kafarnaumą, norėjo patekti pas Jį. Išgirdęs, kad Jėzus gydo žmones nuo visokių ligų, išvaro demonus ir apvalo raupsuotuosius, jis tikėjo būsiąs pagydytas. Kai paralyžiuotasis sužinojo, kad neprasibraus prie Jėzaus pro susirinkusią minią, ligonio draugai praardė namo, kuriame buvo Jėzus, stogą ir nuleido savo paralyžiuotą bičiulį, gulintį neštuvuose, priešais Jėzų.

Ar įsivaizduojate, kaip paralyžiuotasis troško patekti pas Jėzų, jeigu ryžosi tokiam poelgiui? Kaip Jėzus pasielgė, kai draugų padedamas paralyžiuotasis parodė savo tikėjimą ir ryžtą? Jėzus, užuot baręs paralyžiuotąjį už akiplėšišką elgesį, pasakė jam: „Sūnau, tau atleidžiamos nuodėmės" ir liepė keltis ir eiti.

Patarlių knygoje 8, 17 Dievas sako: „Aš myliu mane mylinčius, o manęs stropiai ieškantys mane suranda." Jeigu norite būti laisvi nuo ligos kančių, turite karštai trokšti išgydymo, tikėti Dievo galėjimu išspręsti ligų problemą ir priimti Jėzų Kristų.

Jūs turite sugriauti nuodėmės sieną

Kad ir kaip jūs tikėtumėte, kad galite būti išgydyti Dievo galia, Jis negali veikti jumyse, jeigu nuodėmės siena skiria jus nuo Dievo. Štai kodėl Izaijo knygoje 1, 15-17 Dievas mums sako: „Kai jūs tiesite rankas, aš nukreipsiu savo akis nuo jūsų. Net jei ilgai melsitės, aš jūsų negirdėsiu. Jūsų rankos kruvinos! Nusiplaukite ir būkite švarūs! Pašalinkite savo darbų blogį man iš akių, liaukitės darę pikta, mokykitės daryti gera. Atsidėkite teisingumui, padėkite engiamajam, užstokite našlaitį, ginkite našlės bylą," ir paskui 18-oje eilutėje Jis pažada: „Eikite šen, ir drauge pasvarstykime. Esate paraudę nuo nuodėmių, bet aš išbalinsiu jus kaip sniegą. Jūsų nuodėmės raudonos it kraujas, bet jos gali tapti baltos it vilna." Izaijo knygoje 59, 1-3 parašyta:

VIEŠPATIES ranka nėra sutrumpėjusi, kad negalėtų gelbėti, nei jo ausis apkurtusi, kad neišgirstų. Bet jūsų kaltės atskyrė jus nuo jūsų Dievo, jūsų nuodėmės uždengė jo veidą, ir jis nebegirdi jūsų. Juk jūsų rankos suteptos krauju, jūsų pirštai kalte. Jūsų lūpos kalba melagystes, jūsų liežuvis šnabžda apgaulę.

Žmonės, nepažįstantys Dievo, nepriėmę Jėzaus Kristaus ir gyvenantys kaip nori, nesupranta, kad yra nusidėjėliai. Kai žmonės priima Jėzų Kristų savo Gelbėtoju ir gauna Šventosios Dvasios dovaną, Šventoji Dvasia parodo pasauliui, kaip šis klysta dėl nuodėmės, dėl teisumo, dėl teismo, ir jie pripažįsta, kad yra nusidėjėliai (Evangelija pagal Joną 16, 8-11).

Tačiau kartais žmonės gerai nežino, kas yra nuodėmė, todėl

norėdami atsikratyti širdyje glūdinčių nuodėmių bei pikto ir gauti atsakymus į maldas iš Dievo, jie visų pirma turi žinoti, kas yra nuodėmė Jo akyse, nes visos ligos ir negalios ateina iš nuodėmės, ir tik pažvelgę į savo vidų ir sugriovę nuodėmės sieną jūs galite patirti išgydymo stebuklą. Pasižiūrėkime, ką Šventasis Raštas vadina nuodėme. ir kaip mums sugriauti nuodėmės sieną.

1. Jūs turite atgailauti už netikėjimą Dievu ir Jėzaus Kristaus nepriėmimą.

Šventasis Raštas sako, kad netikėjimas Dievu ir Jėzaus Kristaus nepriėmimas savo asmeniniu Gelbėtoju yra nuodėmė (Evangelija pagal Joną 16, 9). Daug netikinčiųjų sako, kad jie dorai gyvena, bet jie nepažįsta savęs, nes nežino tiesos žodžio – Dievo šviesos – ir negali atskirti gero nuo pikto.

Net įsitikinęs savo gerumu žmogus, palyginęs savo gyvenimą su tiesa – visagalio Dievo žodžiu, kuris sukūrė visatą ir valdo gyvenimą ir mirtį, prakeikimus ir palaiminimus – atras savyje daug nuodėmių. Biblija sako: „Nėra teisaus, nėra nė vieno" (Laiškas romiečiams 3, 10), o taip pat: „Įstatymo darbais jo akivaizdoje nebus nuteisintas nė vienas žmogus. Per įstatymą tik pažįstame nuodėmę" (Laiškas romiečiams 3, 20).

Kai jūs priimsite Jėzų Kristų ir tapsite Dievo vaikais po atgailos už netikėjimą Dievu ir Jėzaus Kristaus nepriėmimą, visagalis Dievas taps jūsų Tėvu ir išgydys visas jūsų ligas.

2. Jūs turite atgailauti už savo brolių nemylėjimą.

Biblija sako: „Mylimieji, jei Dievas mus taip pamilo, tai ir mes turime mylėti vieni kitus" (Jono pirmas laiškas 4, 11). Taip pat Šventasis Raštas liepia mylėti net savo priešus (Evangelija pagal Matą 5, 44). Jeigu nekentėme savo brolių, nepaklusome Dievo žodžiui ir nusidėjome.

Jėzus parodė savo meilę nuodėmės ir pikto pavergtai žmonijai savo mirtimi už mus ant kryžiaus, todėl turime mylėti savo tėvus, vaikus, brolius ir seseris. Nuodėmė Dievo akyse yra neapykanta ir neatleidimas vienas kitam dėl užgautų jausmų ir nesusipratimų. Evangelijoje pagal Matą 18, 23-35 užrašytas šis Jėzaus pasakytas palyginimas:

Todėl dangaus karalystė panaši į karalių, kuris sumanė atsiskaityti su savo tarnais. Jam pradėjus apyskaitą, atvedė pas jį vieną, kuris buvo jam skolingas dešimt tūkstančių talentų. Kadangi šis neturėjo iš ko grąžinti, valdovas įsakė parduoti jį kartu su žmona ir vaikais bei su visa nuosavybe, kad būtų sumokėta. Tuomet, puolęs jam po kojų, tarnas maldavo: 'Turėk man kantrybės! Aš viską atiduosiu.' Pasigailėjęs ano tarno, valdovas paleido jį ir dovanojo skolą. Vos išėjęs, tas tarnas susitiko vieną savo tarnybos draugą, kuris buvo jam skolingas šimtą denarų, ir nutvėręs smaugė jį, sakydamas: 'Atiduok skolą!' Puolęs ant kelių, draugas maldavo: 'Turėk man kantrybės! Aš tau viską atiduosiu.' Bet tas nesutiko, ėmė ir įmesdino jį į kalėjimą, iki atiduos skolą. Matydami, kas nutiko, kiti tarnai labai nuliūdo. Jie nuėjo ir papasakojo valdovui, kas buvo įvykę. Tuomet, pasišaukęs jį, valdovas tarė: 'Nedorasis tarne, visą aną skolą aš tau dovanojau nes mane maldavai. Argi nereikėjo ir tau pasigailėti savo draugo, kaip aš pasigailėjau tavęs?!' Užsirūstinęs valdovas atidavė jį budeliams, iki atiduos visą skolą. Taip ir mano dangiškasis Tėvas padarys jums, jeigu kiekvienas iš tikros širdies neatleisite savo broliui.

Ar gavę Dievo Tėvo atleidimą ir malonę negalime, ar nenorime priimti savo brolių klaidų bei ydų, jeigu esame linkę varžytis, įsigyti priešų ir erzinti vienas kitą?

Dievas sako: „Kuris nekenčia savo brolio, tas žmogžudys, o jūs žinote, kad joks žmogžudys neturi amžinojo gyvenimo, jame pasiliekančio" (Jono pirmas laiškas 3, 15), „Taip ir mano dangiškasis Tėvas padarys jums, jeigu kiekvienas iš tikros širdies neatleisite savo broliui" (Evangelija pagal Matą 18, 35), „Nemurmėkite, broliai, vieni prieš kitus, kad nebūtumėte teisiami. Štai teisėjas jau stovi prie slenksčio" (Jokūbo laiškas 5, 9).

Turime suprasti, kad jeigu, užuot mylėję, nekentėme savo brolių, esame nusidėję ir nebūsime pripildyti Šventosios Dvasios, mūsų laukia skausmai. Net jeigu mūsų broliai nekenčia mūsų ir nuvilia mus, turime neatsakyti tuo pačiu, bet saugoti savo širdis tiesa, suprasti juos ir atleisti jiems. Mūsų širdyje iš meilės turi gimti malda už tokius brolius ir seseris. Kai atleisime vienas kitam, suprasime ir mylėsime vienas kitą su Šventosios Dvasios pagalba, Dievas parodys savo gailestingumą bei malonę ir išgydys mus.

3. Jūs turite atgailauti, jeigu meldėtės godumo vedini.

Kai Jėzus išgydė piktosios dvasios apsėstą berniuką, Jo mokiniai susirūpinę paklausė: „Kodėl mes negalėjome jos išvaryti?" (Evangelija pagal Morkų 9, 28) Jėzus Kristus savo mokiniams atsakė: „Ta veislė neišvaroma nieku kitu, tik malda." (Evangelija pagal Morkų 9, 29).

Norint gauti išgydymą, reikia maldauti jo. Savanaudiškos maldos nebus išklausytos, nes jos nepatinka Dievui, kuris įsakė: „Ar valgote, ar geriate, ar šiaip ką darote, visa darykite Dievo garbei" (Pirmas laiškas korintiečiams 10, 31). Todėl mūsų išsilavinimo, garbės ar valdžios siekimas turi būti skirtas Dievo garbei. Jokūbo laiške 4, 2-3 parašyta: „Geidžiate ir neturite? Tuomet žudote. Pavydite ir negalite pasiekti? Tuomet kovojate ir kariaujate. Jūs neturite, nes neprašote. Jūs prašote ir negaunate, nes negerai prašote tik savo įnoriams patenkinti."

Išgydymo prašymas, kad gyventume sveiki, yra skirtas Dievo garbei. Jūs gausite atsakymą, kai prašysite. Tačiau jeigu paprašę negaunate išgydymo, galbūt prašėte ne pagal tiesą, nes Dievas nori duoti jums daug kartų daugiau, negu prašote.

Kokia malda džiugina Dievą? Kaip Jėzus pasakė Evangelijoje pagal Matą 6, 33: „Jūs pirmiausia ieškokite Dievo karalystės ir jo teisumo, o visa tai bus jums pridėta," užuot rūpinęsi maistu, drabužiais ir panašiais dalykais, turime melstis už Dievo karalystę, Jo teisumą, evangelizavimą ir šventumą. Tik tuomet Dievas duos, ko trokšta jūsų širdis, ir visiškai išgydys jūsų ligas.

4. Jūs turite atgailauti, jeigu meldėtės abejodami.

Dievui patinka, kai Jo vaikai meldžiasi su tvirtu tikėjimu.

Laiškas hebrajams 11, 6 sako: „Juk be tikėjimo neįmanoma patikti Dievui. Kas artinasi prie Dievo, tam būtina tikėti, kad jis yra ir jo ieškantiems atsilygina." Apie tai parašyta ir Jokūbo laiške 1, 6-7: „Tegul prašo tikėdamas, nė kiek neabejodamas, nes abejojantis žmogus panašus į jūros bangas, varinėjamas ir blaškomas vėjo. Toksai žmogus tegul nemano ką nors gausiąs iš Viešpaties toks dvilypis, visuose savo keliuose nepastovus žmogus."

Maldos abejojant rodo netikėjimą Dievo visagalybe, Jo galios ir išminties menkinimą. Jūs turite nedelsiant atgailauti, mokytis iš tikėjimo tėvų bei uoliai ir karštai maldauti nuoširdaus tikėjimo.

Daug Biblijos vietų sako, kad Jėzus mylėjo žmones, turinčius didelį tikėjimą, išsirinko juos savo darbininkais, ir atliko savo tarnystę per juos ir su jais. Jėzus net savo mokinius barė už mažatikystę (Evangelija pagal Matą 8, 23-27), bet gyrė pagonis už didelį tikėjimą (Evangelija pagal Matą 8, 10).

Kaip jūs meldžiatės, ir koks jūsų tikėjimas?

Šimtininkas Evangelijoje pagal Matą 8, 5-13 atėjo pas Jėzų ir paprašė išgydyti jo tarną, gulintį namuose paralyžiuotą ir baisiai kenčiantį. Kai Jėzus tarė šimtininkui: „Einu išgydysiu jį," šis atsakė: „Viešpatie, nesu vertas, kad užeitum po mano stogu, bet tik tark žodį, ir mano tarnas pasveiks" ir parodė Jėzui savo tikėjimą. Išgirdęs jo žodžius Jėzus apsidžiaugė ir gyrė jį: „Niekur Izraelyje neradau tokio tikėjimo!" Šimtininko tarnas pasveiko tą pačią akimirką.

Evangelijoje pagal Morkų 5, 21-43 aprašytas stebuklingas išgydymas. Jėzui būnant paežerėje, vienas iš sinagogos vyresniųjų vardu Jayras atėjo ir puolė prie Jo kojų ir maldavo: „Mano dukrelė miršta! Ateik ir uždėk ant jos rankas, kad pagytų ir gyventų."

Jėzui einant su Jayru, viena moteris, jau dvylika metų serganti kraujoplūdžiu, prisiartino prie Jo. Nemaža iškentėjusi nuo gydytojų ir išleidusi visa, ką turėjo, ji ėjo tik blogyn.

Išgirdusi apie Jėzų, ji prasibrovė prie Jo pro minią, nes sau pasakė: „Jeigu paliesiu bent jo drabužį, išgysiu!" Kai tik palietė

Jėzaus apsiaustą, kraujas jai nustojo plūdęs, ir ji pajuto kūnu, kad yra pasveikusi iš savo negalios. Jėzus iš karto pajuto, kad iš jo išėjo jėga, ir, atsigręžęs į minią, paklausė: „Kas prisilietė prie mano apsiausto?" Kai moteris pasakė visą teisybę, Jėzus tarė jai: „Dukterie, tavo tikėjimas išgelbėjo tave, eik rami ir būk išgijusi iš savo ligos." Jis suteikė šiai moteriai išgelbėjimą ir palaiminimą sveikata.

Jam dar tebekalbant, atėjo Jayro žmonės ir pranešė: „Tavo duktė numirė." Jėzus tarė Jayrui: „Nenusigąsk, vien tikėk!" ir toliau ėjo į jo namus. Įžengęs vidun, jis tarė: „Vaikas nėra miręs, jis miega" ir kreipėsi į mergaitę: „Talita kum" (išvertus tai reiškia: „Mergaite, sakau tau, kelkis!"). Mergaitė tuojau atsikėlė ir ėmė vaikščioti.

Tikėkite, kad kai prašote su tikėjimu, net sunkios ligos gali pasitraukti ir mirusieji prisikelti. Jeigu iki šiol meldėtės abejodami, gaukite išgydymą, atgailaudami už šią nuodėmę.

5. Jūs turite atgailauti už Dievo įsakymų nevykdymą.

Evangelijoje pagal Joną 14, 21 Jėzus sako: „Kas pripažįsta mano įsakymus ir jų laikosi, tas tikrai mane myli. O kas mane myli, tą mylės mano Tėvas, ir aš jį mylėsiu ir jam apsireikšiu." Jono pirmame laiške 3, 21-22 parašyta: „Mylimieji, jei širdis mūsų nesmerkia, mes pasitikime Dievu ir gauname iš jo, ko prašome, nes laikomės jo įsakymų ir darome, kas jam patinka." Nusidėjėlis negali pasitikėti Dievu. Tačiau kai mūsų širdis yra tyra ir nekalta tiesos žodžio šviesoje, galime drąsiai prašyti Dievo bet ko.

Būdami tikinčiaisiais į Dievą jūs turite išmokti bei suprasti Dešimt Dievo įsakymų, kurie yra šešiasdešimt šešių Biblijos knygų santrauka, ir pripažinti, kur sulaužėte juos.

I. Ar aš kada nors turėjau kitų dievų savo širdyje?

II. Ar kada nors buvau pasidaręs stabais savo turtus, vaikus, sveikatą, verslą ar kitus dalykus ir garbinau juos?

III. Ar kada nors minėjau Dievo vardą be reikalo?

IV. Ar visada švenčiau šabo dieną?

V. Ar visada gerbiau savo tėvus?

VI. Ar kada nors žudžiau fiziškai arba dvasiškai, nekęsdamas savo brolių ir seserų ar stumdamas juos į nuodėmę?

VII. Ar kada nors svetimavau, net ir savo širdyje?

VIII. Ar kada nors vogiau?

IX. Ar kada nors melagingai liudijau prieš savo artimą?

X. Ar aš kada nors geidžiau savo artimo nuosavybės?

Be to, jūs turite pasitikrinti ar vykdėte Dievo įsakymą mylėti savo artimą kaip save pačius. Jeigu vykdysite Dievo įsakymus ir maldausite, Dievo galia išgydys visas jūsų ligas.

6. Jūs turite atgailauti už pasėtą blogį.

Dievas valdo viską visatoje, Jis nustatė dvasinės karalystės įstatymus ir, būdamas teisingas Teisėjas, vadovaujasi jais.

Danieliaus knygos šeštame skyriuje karalius Darijus atsidūrė sunkioje padėtyje, nes negalėjo apsaugoti savo mylimo tarno

Danieliaus nuo liūtų duobės, net būdamas karaliumi. Paskelbęs įsakymą Darijus negalėjo pats jam nepaklusti. Jeigu karalius nesilaikys įstatymo, kas jį gerbs ir jam tarnaus? Todėl jo mylimas tarnas Danielius turėjo būti įmestas į liūtų duobę pagal piktų žmonių sąmokslą, ir Darijus nieko negalėjo padaryti.

Dievas taip pat nelaužo savo išleisto įstatymo, visatoje viskas vyksta tiksliai pagal Jo nustatytą tvarką. Todėl „Neapsigaukite! Dievas nesiduoda išjuokiamas. Ką žmogus sėja, tai ir pjaus" (Laiškas galatams 6, 7).

Kiek pasėjate maldoje, tiek atsakymų sulauksite ir dvasiškai augsite, jūsų vidinis žmogus stiprės, o dvasia atsinaujins. Jeigu sirgote ar turėjote negalią, bet dabar sėjate savo laiką ir meilę Dievui, uoliai dalyvaudami visuose bažnyčios susirinkimuose, būsite palaminti sveikata, ir aiškiai pajusite kūno pokyčius. Jeigu sėsite turtą Dievo garbei, Jis apsaugos jus nuo išbandymų ir palaimins didesniu turtu.

Supratę, kaip svarbu sėti Dievo garbei, atmeskite šio žūstančio pasaulio viltis ir su tikėjimu siekite atpildo danguje, o visagalis

Dievas visada saugos jūsų sveikatą.

Vadovaudamiesi Dievo žodžiu išsiaiškinome, kas tapo siena tarp Dievo ir žmogaus, ir kodėl mes gyvenome ligų kamuojami. Jeigu netikėjote į Dievą ir kentėjote nuo ligų, priimkite Jėzų savo Gelbėtoju ir pradėkite gyventi Kristuje. Nebijokite tų, kurie žudo kūną. Verčiau bijokite To, kuris gali pasmerkti kūną ir dvasią pragarui, saugokite savo tikėjimą į Dievą Išganytoją, nepaisydami persekiojimų, kurių galite susilaukti iš tėvų, giminaičių, sutuoktinės ar sutuoktinio, uošvių ir kitų. Kai Dievas pripažins jūsų tikėjimą, Jis veiks jumyse ir suteiks jums išgydymo malonę.

Jeigu esate tikintys, bet kenčiate nuo ligų, pažvelkite į save, ar neturite pikto likučių: neapykantos, pavydo, įtarumo, neteisumo, ištvirkimo, godumo, blogų motyvų, žmogžudystės, ginčų, apkalbų, šmeižto, puikybės ir kitų blogybių. Melskitės Dievui, priimkite Jo atleidimą, gailestingumą, malonę ir ligų išgydymą.

Daug žmonių bando derėtis su Dievu. Jie sako, kad jeigu Dievas išgydys jų ligas, jie patikės Jėzumi ir seks paskui Jį. Tačiau Dievas mato kiekvieno širdį, ir tik dvasiškai apvalęs žmones išgydys jų fizines ligas.

Suprasdami, kad žmogaus ir Dievo mintys yra skirtingos, jūs pirmiausia turite paklusti Dievo valiai, kad jūsų dvasia pasveiktų ir būtumėte palaiminti jūsų ligų išgydymu, meldžiu mūsų Viešpaties vardu!

3 skyrius

Dievas Gydytojas

Išėjimo knyga 15, 26

Jeigu iš tikrųjų klausysite VIEŠPATIES, savo Dievo, balso, sakė jis, ir darysite, kas dora jo akyse, paisydami jo įsakymų ir laikydamiesi visų jo nuostatų, nevarginsiu jūsų jokia liga, kuriomis varginau egiptiečius, nes esu jus gydantis VIEŠPATS

Kodėl žmonės suserga?

Nors Dievas Gydytojas nori, kad visi Jo vaikai gyventų sveiki, daug iš jų kenčia nuo ligų ir negali jų atsikratyti. Kaip viskas taip ir kiekviena liga turi priežastį. Bet kokia liga greitai išgydoma, kai nustatoma jos priežastis, todėl norintys pasveikti visų pirma turi atrasti savo ligų priežastis. Per Dievo žodį (Išėjimo knyga 15, 26) turime atrasti ligos priežastį, būdą išsilaisvinti iš jos ir gyventi sveiki.

„VIEŠPATS" yra Dievui skirtas vardas, kurio reikšmė „AŠ ESU, KURIS ESU." (Išėjimo knyga 3, 14). Šis vardas taip pat reiškia, kad visos kitos būtybės yra pavaldžios labiausiai gerbiamam Dievui. Dievas apie save sako: „Esu jus gydantis VIEŠPATS" (Išėjimo knyga 15, 26), Jis yra mylintis ir išlaisvina mus iš ligų, Dievo galia išgydo mus.

Išėjimo knygoje 15, 26 Dievas pažadėjo: „Jeigu iš tikrųjų klausysite VIEŠPATIES, savo Dievo, balso, sakė jis, ir darysite, kas dora jo akyse, paisydami jo įsakymų ir laikydamiesi visų jo nuostatų, nevarginsiu jūsų jokia liga, kuriomis varginau egiptiečius, nes esu jus gydantis VIEŠPATS." Jeigu jūs susirgote, tai rodo, kad neatidžiai klausėte Jo, nedarėte to, kas teisu Jo akyse, ir nekreipėte dėmesio į Jo įsakymus.

Dievo vaikai yra dangaus piliečiai, todėl jie turi gyventi pagal dangaus įstatymą. Jeigu dangaus piliečiai nepaiso jo įstatymo, Dievas negali apsaugoti jų, nes nuodėmė yra įstatymo laužymas (Jono pirmas laiškas 3, 4). Susirgimai prasiskverbia į juos, ir neklusnūs Dievo vaikai kenčia nuo ligų.

Išsiaiškinkime, kodėl žmonės suserga, ligų priežastis, ir kaip Dievo Gydytojo galia išgydo ligonius.

Žmogus gali susirgti dėl savo nuodėmės

Šventajame Rašte Dievas daug kartų sako mums, kad ligų priežastis yra nuodėmė. Evangelijoje pagal Joną 5:14 parašyta: „Vėliau Jėzus jį [anksčiau pagydytą žmogų] sutiko šventykloje ir tarė: ‚Štai tu esi pasveikęs. Daugiau nuodėmių nebedaryk, kad neatsitiktų kas blogesnio!'" Ši eilutė sako, kad jeigu pagydytas žmogus nuodėmiaus, jis gali susirgti daug sunkesne liga, žmonės

Dievas Gydytojas · 41

suserga, darydami nuodėmes.

Pakartoto Įstatymo knygoje 7, 12-15 mūsų Dievas pažadėjo: „Jei laikysitės šių įsakų, ištikimai juos vykdydami, VIEŠPATS, tavo Dievas, ištikimai laikysis su tavimi sudarytos Sandoros, kurią prisiekė tavo protėviams. Mylės tave, laimins tave ir padaugins tave. Laimins tavo įsčių vaisių ir tavo žemės derlių, tavo grūdus, naują vyną ir aliejų, tavo galvijų prieauglį ir avių jauniklius krašte, kurį tavo protėviams prisiekė tau duoti. Tu būsi palaimintas labiau negu visos kitos tautos: nebus nei bevaisio, nei bevaisės tarp jūsų ar tarp jūsų galvijų. VIEŠPATS atitolins nuo tavęs visas ligas. Jokiomis piktomis Egipto negaliomis, apie kurias tu žinai, jis tavęs nevargins, bet kirs jomis visiems, kurie tavęs nekenčia." Nekenčiantys žmonės yra pikti ir nuodėmingi, ir ligos pakerta juos.

Pakartoto Įstatymo knygos 28-ame skyriuje, dažnai vadinamame „Palaiminimų skyriumi," Dievas išvardino palaiminimus, kuriuos gausime, jeigu visiškai paklusime Dievui ir rūpestingai vykdysime visus Jo įsakymus. Jis taip pat pasakė, kokie prakeikimai ištiks mus, jeigu nevykdysime Jo įsakymų ir įstatų.

Šiame skyriuje ypač smulkiai išvardintos ligos ir visokie susirgimai, kurios apniks mus, jeigu neklausysime Dievo. Tai maras, džiova, karštligė, uždegimai, kaitra ir sausra, kūlės ir miltligė; „Egipto pūliniai, augliai, dedervinė ir niežai, nuo kurių neišsigydysi", beprotybė, aklumas; išgąstis, kad niekas nepagelbės; kelių ir šlaunų skausmai su piktybiniais pūliniais nuo kojų padų ligi viršugalvio (Pakartoto Įstatymo knyga 28, 21-35).

Suprasdami, kad pagrindinė ligų priežastis yra nuodėmė, susirgę jūs pirmiausia turite atgailauti, kad gyvenote ne pagal Dievo žodį, ir gauti atleidimą. Gavę išgydymą turite gyventi pagal Dievo žodį ir daugiau nenusidėti.

Galima susirgti, manant, kad nedarai nuodėmių

Kai kurie žmonės sako, kad nepadarė jokių nuodėmių, tačiau vis tiek susirgo. Tačiau Dievo žodis sako, kad jeigu darysime tai, kas teisinga Dievo akyse ir laikysimės Jo įsakymų bei nuostatų, Dievas nevargins mūsų jokia liga. Jeigu susirgome, turime pripažinti, kad elgėmės neteisingai Jo akyse ir nesilaikėme Jo nuostatų.

Kokios nuodėmės sukelia ligas? Jeigu žmogus naudoja savo sveiką kūną, kurį Dievas jam davė, nesivaldydamas arba amoraliai, neklauso Jo įsakymų, daro klaidas ir gyvena netvarkingai, jis stumia save į ligų pavojų. Jis gali susirgti gastroenteritu nuo persivalgymo arba netvarkingo valgymo, kepenų ligomis nuo nuolatinio rūkymo ir gėrimo bei daugybe kitų ligų nuo pervargimo.

Žmogui gali atrodyti, kad tai ne nusikaltimas, bet tai nuodėmė Dievo akyse. Persivalgymas yra nuodėmė, rodanti žmogaus godumą ir nesusilaikymą. Jeigu žmogus suserga nuo netvarkingo valgymo, jis nusidėjo netvarkingu gyvenimu ir piktnaudžiavo savo kūnu nesivaldydamas. Jeigu kas nors suserga nuo nepakankamai termiškai apdoroto maisto, jo nuodėmė yra nekantrumas – neteisingas elgesys.

Jeigu žmogus neatsargiai naudojosi peiliu ir įsipjovė, o žaizda ėmė pūliuoti, tai taip pat jo nuodėmės pasekmė. Jeigu jis tikrai mylėtų Dievą, Jis būtų apsaugojęs jį nuo nelaimingo atsitikimo. Žmogui net padarius klaidą, Dievas būtų parūpinęs išeitį, nes Jis veikia, kad viskas išeitų į gerą mylintiems Jį žmonėms. Žaizdos ir susižeidimai atsiranda dėl skuboto ir neatsargaus elgesio, kuris yra neteisingas Dievo akyse, toks elgesys nuodėmingas.

Tas pat ir su rūkymu bei gėrimu. Jeigu žmogus žino, kad rūkymas temdo protą, kenkia bronchams ir sukelia vėžį, bet vis tiek negali mesti, ir nesiliauja girtuokliavęs, kai žino, kad alkoholis žaloja jo vidaus organus, jis elgiasi nuodėmingai. Tai rodo negalėjimą susilaikyti ir godumą, nepakankamą meilę savo kūnui ir Dievo valios nevykdymą. Ar tai gali būti ne nuodėmė?

Net jeigu mes nebuvome tikri, kad visos ligos yra nuodėmės pasekmė, tikrai neabejosime susipažinę su daugybe faktų Dievo žodyje. Visada turime paklusti Dievo įsakymams ir gyventi pagal Jo žodį, kad būtume išlaisvinti iš ligų pančių. Kitaip tariant, kai elgiamės teisingai Jo akyse, klausome Jo įsakymų ir laikomės visų

Jo nuostatų, Jis visada apsaugo mus nuo visų ligų.

Psichikos sutrikimų sukeltos ligos

Statistika teigia, kad kenčiančių nuo neurozės ir kitų psichikos sutrikimų žmonių skaičius auga. Jeigu žmonės ugdosi kantrybę, kaip Dievo žodis mums liepia, atleidžia, myli, ir supranta kitus, vadovaudamiesi tiesa, jie lengvai išsivaduoja iš šių ligų. Tačiau jeigu širdyje yra pikto likučių, nedorybė neleidžia žmogui gyventi pagal Dievo žodį. Kankinančios mintys žaloja kitas kūno dalis ir silpnina imuninę sistemą, kol galiausiai sukelia ligą. Kai gyvename pagal Dievo žodį, mūsų jausmai nebūna sujaukti, mes nesikarščiuojame, ir mūsų psichika išlieka sveika.

Sutinkame nemažai žmonių, kurie neatrodo blogi ir gerai elgiasi, tačiau kenčia nuo ligų, nes užgniaužia net paprastus jausmus ir nerodo jų, ir serga daug sunkiau negu tie, kad išlieja savo pyktį ir įniršį. Gerumas tiesoje yra ne priešingų jausmų konflikto agonija, bet vienas kito supratimas su atleidimu ir meile, randant paguodą savitvardoje ir ištvermėje.

Kai žmonės sąmoningai daro nuodėmes, juos kankina psichikos sutrikimai, psichikos ligos ir proto pakrikimas. Nedarydami gerų darbų jie klimpsta gilyn į nedorybes, jų proto kančios sukelia ligas. Turime žinoti, kad neurozės ir kitų psichikos sutrikimų priežastis yra mūsų pačių pasirinkti kvaili ir nedori keliai. Net ir šiuo atveju mylintis Dievas išgydys visus, kurie ieško Jo ir trokšta išgydymo. Jis suteiks jiems dangaus viltį ir gyvenimą tikrame džiaugsme ir ramybėje.

Ligos iš velnio taip pat ateina per nuodėmę

Kai kurie žmonės yra šėtono apsėsti ir kenčia nuo priešo velnio sukeltų ligų, nes atmetė Dievo valią ir paliko tiesos kelią. Daug žmonių, kurie sunkiai serga, yra fiziškai neįgalūs ir demonų apsėsti, yra kilę iš šeimų garbinusių stabus, nes Dievas prakeikė stabmeldystę.

Išėjimo knygoje 20, 5-6 parašyta: „Nesilenksi jiems ir negarbinsi jų, nes aš, VIEŠPATS, tavo Dievas, esu pavydulingas Dievas, skiriantis bausmę vaikams už tėvų kaltę iki trečios ir ketvirtos kartos tų, kurie mane atmeta, bet rodantis ištikimą meilę iki tūkstantosios kartos tiems, kurie mane myli ir laikosi mano įsakymų." Jis uždraudė mums garbinti stabus. Du pirmi iš Dešimties Dievo įsakymų – „Neturėsi kitų dievų, tiktai mane" (3-a eilutė) ir „Nedirbsi sau drožinio nei jokio paveikslo, panašaus į tai, kas yra aukštai danguje, čia, žemėje, ir vandenyse po žeme" (4-a eilutė) – aiškiai sako, kaip Dievas bjaurisi stabmeldyste.

Jeigu tėvai nepaklūsta Dievo valiai ir garbina stabus, jų vaikai savaime seks jų pėdomis. Jei tėvai neklauso Dievo žodžio ir daro pikta, vaikai taip pat darys pikta, sekdami jų pavyzdžiu. Bausmė už nepaklusnumo nuodėmę pasiekia trečią ir ketvirtą kartą priešo velnio sukeltomis ligomis.

Net jeigu tėvai garbino stabus, bet jų vaikai tyra širdimi garbina Dievą, Jis parodys savo meilę bei gailestingumą ir palaimins juos. Net jei žmonės kenčia nuo priešo velnio sukeltų ligų, atmetę Dievo valią ir nutolę nuo tiesos, Dievas Gydytojas išlaisvins juos, kai šie atgailaus ir paliks savo nuodėmingus kelius.

Kai kuriuos Jis išgydys iš karto, kitus truputį vėliau, dar kitus, augant jų tikėjimui. Išgydymas vyksta pagal Dievo valią: turintieji tyrą širdį Jo akyse pasveiks akimirksniu, tačiau dar neatsikratę klastos bus išgydyti vėliau.

Esame laisvi nuo ligų, gyvendami tikėjimu

Mozė buvo kukliausias visoje žemėje (Skaičių knyga 12, 3) ir ištikimas visuose Dievo namuose, jis buvo pripažintas patikimu Dievo tarnu (Skaičių knyga 12, 7). Biblija sako, kad kai Mozė mirė, turėdamas šimtą dvidešimt metų, akys dar nebuvo jam aptemusios, jėgos dar nebuvo išsekusios (Pakartoto Įstatymo knyga 34, 7). Abraomas buvo sveikas vyras, kuris buvo paklusnus tikėjimu ir pagarbiai bijojo Dievo. Jis mirė, sulaukęs 175 metų (Pradžios knyga 25, 7). Danielius buvo sveikas, nors valgė vien daržoves ir gėrė tik vandenį (Danieliaus knyga 1, 12-16), o Jonas Krikštytojas buvo stiprus, maitindamasis tik skėriais ir laukinių bičių medumi (Evangelija pagal Matą 3, 4).

Kas nors gali stebėtis, kaip žmonės galėjo būti sveiki,

nevalgydami mėsos, bet pradžioje sukūręs žmogų Dievas, liepė valgyti tik vaisius. Pradžios knygoje 2, 16-17 Dievas pasakė žmogui: „Nuo visų sodo medžių tau leista valgyti, bet nuo gero bei pikto pažinimo medžio tau neleista valgyti, nes kai tik nuo jo paragausi, turėsi mirti." Adomui nepaklusus, Dievas liepė jam maitintis laukų augalais (Pradžios knyga 3, 18), o nuodėmei išplitus pasaulyje, po tvano Dievas pasakė Nojui: „Kas juda ir yra gyva, bus jums maistui. Duodu juos visus jums, lygiai kaip daviau jums žaliuosius augalus" (Pradžios knyga 9, 3). Dievas leido žmonėms valgyti mėsą, bet ne „nešvarių" gyvūnų (Kunigų knyga 11; Pakartoto Įstatymo knyga 14).

Naujojo Testamento laikais Dievas liepė „susilaikyti nuo aukų stabams, kraujo, pasmaugtų gyvulių mėsos ir ištvirkavimo. Jūs gerai elgsitės, saugodamiesi šitų dalykų" (Apaštalų darbai 15, 29). Jis leido valgyti naudingą sveikatai maistą ir patarė saugotis kenksmingų dalykų; todėl naudingiausia nevalgyti to, kas Dievui nepatinka. Jeigu vykdysime Dievo valią ir gyvensime tikėjimu, mūsų kūnai stiprės, ligos pradings ir mes niekada nesirgsime.

Mes nesirgsime, jeigu gyvensime teisume ir tikėjime, nes prieš du tūkstančius metų Jėzus Kristus atėjo į šį pasaulį ir paėmė visas sunkias mūsų naštas. Jeigu tikime, kad praliejęs savo kraują Jėzus atpirko mus iš mūsų nuodėmių, pasiėmė negalias ir užsikrovė ligas (Evangelija pagal Matą 8, 17), Dievas išgydo mus savo antgamtiška galia pagal mūsų tikėjimą (Izaijo knyga 53, 5-6; Petro pirmas laiškas 2, 24).

Prieš susitikimą su Dievu mes neturėjome tikėjimo. Gyvenome, siekdami patenkinti savo nuodėmingos prigimties geidulius ir kentėjome nuo įvairių ligų dėl savo nuodėmių. Gyvendami tikėjime ir teisume būsime palaiminti fizine sveikata.

Kai protas sveikas, ir kūnas bus sveikas. Gyvenant teisume ir elgiantis pagal Dievo žodį, mūsų kūnai bus pripildyti Šventosios Dvasios. Ligos paliks mus, mūsų kūnai bus fiziškai sveiki, joks susirgimas nepalies mūsų. Turėsime ramybę, jausimės žvalūs, linksmi ir sveiki, nenorėsime nieko kito, tik dėkoti Dievui už sveikatą.

Pasilikite teisume ir tikėjime, kad jūsų dvasiai sektųsi, būtumėte išgydyti iš visų jūsų ligų bei negalių ir gautumėte sveikatą! Patirkite Dievo meilės gausybę, paklusdami Dievui ir gyvendami pagal Jo žodį – meldžiu mūsų Viešpaties vardu!

4 skyrius

Mes buvome išgydyti Jo žaizdomis

Izaijo knyga 53, 4-5

Tačiau jis prisiėmė mūsų negalias, sau užsikrovė mūsų skausmus. O mes laikėme jį raupsuotu, Dievo nubaustu ir nuvargintu. Bet jis buvo sužalotas dėl mūsų nusižengimų, ant jo krito kirčiai už mūsų kaltes. Bausmė ant jo krito mūsų išganymui, ir mes buvome išgydyti jo žaizdomis

Dievo Sūnus Jėzus išgydė visas ligas

Žmonės susiduria su įvairiomis problemomis savo gyvenime. Kaip jūra ne visada būna rami, taip ir gyvenime iškyla sunkumų namuose, darbe, versle, žmonės suserga, vargsta dėl turto ir patiria daug kitų bėdų. Tikrai neperdėtai sakoma, kad liga yra sunkiausia iš gyvenimo vargų.

Nepaisant žmogaus turimo turto ir žinių, ištikus mirtinai ligai, visi jo siekiai ir tikslai sprogsta kaip muilo burbulas. Vena vertus, civilizacijai vystantis ir didinant turtus, žmogaus troškimas būti sveikam taip pat didėja. Kita vertus, nepaisant medicinos pasiekimų, naujos ligos, prieš kurias žmonių žinios bejėgės, nuolat atsiranda ir ligonių skaičius nepaliaujamai auga. Turbūt dėl to dėmesys sveikatai dabar ypač didelis.

Kančios, ligos ir mirtis – visos kylančios iš nuodėmės – įkūnija žmogaus ribotumą. Kaip ir Senojo Testamento laikais, šiandien Dievas Gydytojas laiko žmonėms, kurie tiki į Jį, atvirą kelią į išgydymą nuo visų ligų per tikėjimą į Jėzų Kristų. Pasigilinkime į Bibliją ir pažiūrėkime, kodėl mes galime išgyti ir gyventi sveiki per tikėjimą į Jėzų Kristų.

Kai Jėzus paklausė savo mokinių: „Kuo jūs mane laikote?"
Simonas Petras atsakė|: „Tu esi Kristus, gyvojo Dievo Sūnus"
(Evangelija pagal Matą 16, 15-16). Atsakymas atrodo paprastas,
bet aiškiai atskleidžia, kad tik Jėzus yra Kristus.

Didžiulės minios sekdavo Jėzų, nes Jis akimirksniu išgydydavo ligonius: demonų apsėstuosius, epileptikus, paralitikus ir sergančius kitomis ligomis. Kai raupsuotieji, segantys karštlige, luošieji, aklieji ir kiti ligoniai buvo išgydyti, Jėzui palietus juos, jie imdavo sekti Jį ir tarnauti Jam. Ar tai nebuvo nuostabus reginys? Pamatę šiuos ženklus ir stebuklus žmonės įtikėdavo ir priimdavo Jėzų, jų gyvenimo problemos pasitraukdavo, o ligoniai pasveikdavo. Be to, kaip Jėzus gydė ligonius savo laiku, visi, kurie ateina pas Jėzų, gali būti antgamtiškai išgydyti ir šiandien.

Vienas beveik visai luošas žmogus atėjo į penktadienio maldos per visą naktį susirinkimą, netrukus po mano bažnyčios įkūrimo. Po automobilio avarijos jis ilgą laiką gydėsi ligoninėje. Tačiau jo kelių sausgyslės buvo sustingę, jis negalėjo sulenkti kelių, pajudinti blauzdų ir vaikščioti. Išgirdęs skelbiamą Dievo žodį, jis pajuto didžiulį troškimą priimti Jėzų Kristų ir pasveikti. Man karštai pasimeldus už šį žmogų, jis akimirksniu atsistojo, ėmė vaikščioti ir bėgioti. Dievas stebuklingai išgydė jį kaip luošą vyrą prie šventyklos vartų, vadinamų Gražiaisiais, ėmusį vaikščioti po apaštalo Petro maldos (Apaštalų darbai 3, 1-10).

Tai įrodymas, kad kiekvienas, kuris tiki į Jėzų Kristų ir gauna nuodėmių atleidimą Jo vardu, gali būti išgydytas iš visų ligų, net nepagydomų medicinai, Dievui atnaujinus žmogaus kūną. Dievas, kuris yra tas pats vakar, šiandien ir per amžius (Laiškas hebrajams 13, 8) veikia žmonėse, kurie tiki Jo žodžiu ir pagal savo tikėjimo mastą ieško Jo, ir išgydo visas ligas, atveria akis akliesiems ir pastato ant kojų luošuosius.

Visi, kurie priėmė Jėzų Kristų, gavo visų savo nuodėmių atleidimą ir tapo Dievo vaikais, turi gyventi laisvėje.

Dabar išsiaiškinkime, kodėl kiekvienas iš mūsų gali gyventi

visiškai sveikas, kai tampa tikinčiuoju į Jėzų Kristų.

Jėzus buvo nuplaktas ir praliejo savo kraują

Prieš nukryžiavimą Jėzus buvo Romos kareivių nuplaktas ir praliejo savo kraują Poncijaus Piloto teisme. Tais laikais Romos kareiviai buvo puikios sveikatos, labai stiprūs ir gerai parengti. Jie buvo imperijos, kuri valdė tuometinį pasaulį, kariai. Neįmanoma apsakyti nepakeliamo skausmo, kurį Jėzus ištvėrė, kai stiprūs kareiviai, nuplėšę rūbus, plakė Jį. Su kiekvienu kirčiu rimbas apsivyniodavo Jėzaus kūną, kiaurai prakirsdamas odą, ir kraujas tekėjo iš Jo žaizdų.

Kodėl Jėzus, Dievo Sūnus, būdamas be nuodėmės, kaltės ir ydos, turėjo būti taip žiauriai nuplaktas ir pralieti kraują už mus, nusidėjėlius? Šiame įvykyje slypi labai gili dvasinė potekstė ir nuostabi Dievo apvaizda.

Petro pirmas laiškas 2, 24 sako, kad mes esame pagydyti Jėzaus žaizdomis. Izaijo knygoje 53, 5 parašyta, kad ant Jo krito

Mes buvome išgydyti Jo žaizdomis · 59

kirčiai už mūsų kaltes. Maždaug prieš du tūkstančius metų Jėzus, Dievo Sūnus, buvo nuplaktas, kad atpirktų mus iš kankinančių ligų, ir praliejo savo kraują už mūsų nuodėmes, gyvenant ne pagal Dievo žodį. Kai tikime į Jėzų, kuris buvo nuplaktas ir praliejo savo kraują, esame išlaisvinti iš savo ligų ir išgydyti. Tai stulbinančios Dievo meilės ir išminties ženklas

Jeigu jūs kenčiate nuo ligų, būdami Dievo vaikais, atgailaukite už savo nuodėmes ir tikėkite, kad jau esate išgydyti. „Tikėjimas laiduoja mums tai, ko viliamės, įrodo tikrovę, kurios nematome" (Laiškas hebrajams 11, 1), todėl net jeigu jaučiate ligos keliamą skausmą, tikėdami pasakykite: „Aš jau esu išgydytas arba išgydyta", ir iš tiesų greitai pasveiksite.

Mokydamas pradinėje mokykloje susižeidžiau vieną šonkaulį, ir paskui kartais atsinaujindavo toks baisus skausmus, kad vos galėdavau kvėpuoti. Praėjus metams ar dvejiems po to, kai priėmiau Jėzų Kristų, skausmas sugrįžo, keliant sunkų daiktą, ir nebegalėjau žengti nė žingsnio. Tačiau patyręs visagalio Dievo galią ir tikėdamas Juo karštai meldžiausi: „Tikiu, kad po šios maldos skausmas bus pradingęs, ir aš eisiu." Tikėdamas savo visagaliu Dievu ir atmetęs mintis apie skausmą, aš atsistojau ir laisvai vaikščiojau. Atrodė, kad man niekada nieko neskaudėjo.

Kaip Jėzus pasakė Evangelijoje pagal Morkų 11, 24: „Ko tik melsdamiesi prašote, tikėkite gausią [kai kuriuose rankraščiuose „gavę"], ir tikrai taip bus," jeigu tikime, kad jau esame išgydyti, iš tiesų sulauksime išgydymo pagal savo tikėjimą. Tačiau jeigu dėl nepraeinančio skausmo galvojame, kad dar nepagijome, liga nebus išgydyta. Kitaip tariant, tik sulaužius kūniškų minčių rėmus, viskas įvyks pagal mūsų tikėjimą.

Todėl Dievo žodis sako, kad kūno rūpesčiai priešiški Dievui (Laiškas romiečiams 8, 7), ir ragina imti nelaisvėn kiekvieną mintį, kad paklustų Dievui (Antras laiškas korintiečiams 10, 5). Be to, Evangelijoje pagal Matą 8, 17 parašyta, kad Jėzus prisiėmė mūsų negalias ir užsikrovė mūsų ligas. Jeigu jūs galvojate, kad esate silpni, ir liksite silpni. Tačiau jeigu ir didžiausiuose sunkumuose savo lūpomis išpažinsite: „Aš turiu savyje Dievo galią ir malonę, Šventoji Dvasia valdo mane, todėl nenusilpsiu," silpnumas pasitrauks ir tapsite stiprūs.

Jeigu tikrai tikime į Jėzų Kristų, kuris prisiėmė mūsų negalias ir užsikrovė mūsų ligas, turime atsiminti, kad neturime priežasties kentėti nuo ligų.

Kai Jėzus matė jų tikėjimą

Mes esame išgydyti Jėzaus žaizdomis, todėl mums reikia tik tikėjimo šiuo faktu. Šiandien daug žmonių, kurie nepažinojo Jėzaus Kristaus, ateina pas Jį su savo ligomis. Kai kurie išgyja, vos tik priėmę Jėzų Kristų, kiti nesitaiso net po kelių mėnesių maldų. Pastarieji turi pažvelgti atgal ir ištirti savo tikėjimą.

Pasigilinkime į Evangelijos pagal Morkų 2, 1-12 pasakojimą apie paralitiko ir jo keturių draugų tikėjimą, paskatinusį Viešpatį išlaisvinti nelaimėlį iš ligos ir atnešusį garbę Dievui.

Kai Jėzus lankėsi Kafarnaume, žinia apie atvykimą greitai pasklido, ir susirinko didelė žmonių minia. Jėzus skelbė jiems

Dievo žodį – tiesą – ir visi įdėmiai klausė, nenorėdami praleisti nė žodžio. Kaip tik tuo metu keturi vyrai neštuvais atnešė savo paralyžiuotą draugą, bet negalėjo pro minią prasibrauti prie Jėzaus,.

Tačiau jie nepasidavė ir užlipo ant namo, kuriame buvo Jėzus, stogo, praardė skylę virš Jo ir nuleido žemyn neštuvus, ant kurių gulėjo paralyžiuotasis. Išvydęs jų tikėjimą, Jėzus kreipėsi į paralyžiuotąjį: „Sūnau, tau atleidžiamos nuodėmės, kelkis, imk savo neštuvus ir eik namo," ir šis patyrė išgydymą, kurio taip karštai troško. Kai jis visų akivaizdoje pasiėmė neštuvus ir išėjo, apstulbę žmonės garbino Dievą.

Paralyžiuotasis sirgo taip sunkiai, kad pats negalėjo judėti, ir žūtbūtinai troško susitikti Jėzų išgirdęs, kad Jis atveria akis akliesiems, išgydo luošuosius, apvalo raupsuotuosius, išvaro demonus ir gydo visokias kitas ligas. Jis turėjo gerą širdį ir svajojo apie susitikimą su Jėzumi.

Vieną dieną šis ligonis išgirdo, kad Jėzus atėjo į Kafarnaumą.

Ar įsivaizduojate, kaip jis apsidžiaugė, išgirdęs šią naujieną? Jis tikriausiai kreipėsi į savo bičiulius pagalbos, ir šie draugai, kurie laimei patys turėjo tikėjimą, noriai priėmė savo bičiulio prašymą. Jie taip pat girdėjo naujieną apie Jėzų ir, išgirdę karštą bičiulio prašymą nunešti jį pas Jėzų, mielai sutiko.

Jeigu paralyžiuotojo bičiuliai būtų nepaisę jo prašymo ir pasišaipę, sakydami: „Kaip tu gali tikėti tokiais dalykais, pats nieko nematęs?" jie nebūtų pasiryžę padėti savo draugui. Tačiau jie turėjo tikėjimą, todėl atnešė savo bičiulį neštuvais ir net praardė skylę namo stoge.

Kai jie pamatė didelę minią, nuėję ilgą kelią, ir negalėjo prisiartinti prie Jėzaus, tikriausiai nusiminė ir labai susirūpino. Turbūt jie prašė ir net maldavo praleisti. Tačiau nebuvo jokios galimybės prieiti arčiau dėl didelio žmonių skaičiaus, ir jie labai nuliūdo. Galiausiai jie užlipo ant namo, kuriame buvo Jėzus, stogo, praardė skylę nuleido žemyn savo draugą, gulintį ant neštuvų, priešais Jėzų. Paralyžiuotasis atsidūrė arčiausiai Jėzaus iš visų susirinkusiųjų. Ši istorija atskleidžia, kokį karštą troškimą susitikti su Jėzumi turėjo paralyžiuotasis ir jo draugai.

Turime įsidėmėti, kad paralitikas ir jo draugai ne tiesiog atėjo pas Jėzų. Faktas, kad išgirdę apie Jėzų jie įveikė daug kliūčių, siekdami susitikimo su Juo, rodo, kad jie tikėjo Juo ir Jo skelbiama žinia. Be to, kovodami su kliūtimis, rodydami ištvermę ir veržadmiesi pas Jėzų šie penki draugai parodė ir savo nuolankumą.

Matydami, kaip draugai neša paralyžiuotąjį ant namo ir ardo jo stogą, žmonės tikriausiai šaipėsi arba pyko. Galbūt vyko kas nors, ko net neįsivaizduojame. Tačiau šie penki žmonės nepaisė jokių kliūčių savo kelyje. Susitikę su Jėzumi ir sulaukę bičiulio išgijimo jie buvo pasiryžę pataisyti stogą arba atlyginti nuostolius.

Tačiau šiandien sunku rasti tokį tikėjimą tarp sunkiai sergančių žmonių ir jų artimųjų. Užuot veržęsi pas Jėzų, jie skuba sakyti: „Aš baisiai sergu. Norėčiau ateiti, bet negaliu" arba: „Mano sergantis artimasis toks silpnas, kad jo negalima judinti."
Liūdna matyti tokius pasyvius žmones, atrodo, kad jie laukia, kol

obuolys nuo obels pats įkris jiems į burną. Kitaip tariant, tokiems žmonėms trūksta tikėjimo.

Jeigu žmonės išpažįsta tikėjimą į Dievą, jie turi ryžtingai parodyti savo tikėjimą. Niekas nepatirs Dievo veikimo tikėjimu, kuris yra tik žinios. Tik parodžius tikėjimą darbais, jis tampa gyvu tikėjimu ir pagrindu Dievo duotam dvasiniam tikėjimui ugdyti. Todėl kaip paralitikas, kuris savo tikėjimo pagrindu buvo Dievo išgydytas, turime būti išmintingi ir parodyti Jam savo tikėjimo pagrindus – patį tokėjimą – kad gautume Dievo duodamą dvasinį tikėjimą ir patirtume Jo daromus stebuklus.

Tau atleidžiamos nuodėmės

Jėzus pasakė paralyžiuotajam, atvykusiam pas Jį su keturių draugų pagalba: „Sūnau, tau atleidžiamos nuodėmės!" ir taip išsprendė nuodėmės problemą. Joks žmogus negali gauti Dievo atsakymų į prašymus, kai nuodėmės siena skiria jį nuo Dievo. Jėzus pirmiausia išsprendė atgabento pas Jį su tikėjimo pagrindu paralyžiuotojo nuodėmės problemą.

Jeigu mes nuoširdžiai išpažįstame tikėjimą į Dievą, turime klausyti Biblijos nurodymų, kaip elgtis Dievo akivaizdoje.

Paklusdami įsakymams, kurie sako, ką daryti, ko nedaryti, ko laikytis, ką atmesti, nusidėjėliai tampa teisiaisiais, melagiai – sąžiningais ir nuoširdžiais žmonėmis. Kai paklūstame tiesos žodžiui, mūsų Viešpaties kraujas nuplauna mūsų nuodėmes, mes gauname atleidimą, Dievo apsaugą ir atsakymus į maldas.

Visų ligų šaltinis yra nuodėmė, todėl išsprendus nuodėmės problemą, įvykdomos sąlygos, būtinos Dievo veikimui. Kaip elektros lemputė šviečia ir buitinis prietaisas veikia, kai elektros srovė įeiną per anodą ir išeina per katodą, taip ir Dievas, matydamas žmogaus tikėjimo pagrindus, suteiks jam atleidimą bei tikėjimą iš aukštybių ir padarys stebuklą.

„Kelkis, imk savo neštuvus ir eik namo!" Ar gali būti nuostabesnis paliepimas? Matydamas ligonio ir jo keturių draugų tikėjimą Jėzus išsprendė nuodėmės problemą, ir paralyžiuotasis iš karto ėmė vaikščioti. Jis tapo visiškai sveikas po ilgo laukimo. Lygiai taip pat ir mes, norėdami būti išgydyti ar ištrūkti iš bet kokių kitų problemų, visų pirma turime gauti nuodėmių atleidimą ir įgyti tyrą širdį.

Turėdami mažai tikėjimo, žmonės pasitiki vaistais ir gydytojais, norėdami pasveikti, bet tikėjimui užaugus, jie myli Dievą ir gyvena pagal Jo žodį, todėl ligos juos aplenkia. Jeigu net suserga, jie ištiria save, nuoširdžiai atgailauja, palieka nuodėmes ir akimirksniu pasveiksta. Žinau, kad daug kas iš jūsų žino tai iš patirties.

Prieš kurį laiką vienas mano bažnyčios vyresnysis staiga nebegalėjo pajudėti, nes trūko tarpslankstelinis diskas. Jis peržiūrėjo savo gyvenimą, atgailavo, ir aš pasimeldžiau už jį. Dievo darbas įvyko iš karto, jis akimirksniu pasveiko.

Kai vienos karščiuojančios mergaitės motina suprato, kad jos ūmus būdas yra pagrindinė vaiko kančių priežastis, ji atgailavo, ir vaikas pasveiko.

Norėdamas išgelbėti visą žmoniją, kuri dėl Adomo

nepaklusnumo ėjo pražūties keliu, Dievas atsiuntė Jėzų Kristų į šį pasaulį ir leido Jam būti prakeiktam ir už mus prikaltam prie medinio kryžiaus, nes Biblija sako: „Be kraujo praliejimo nėra atleidimo," (Laiškas hebrajams 9, 22) ir: „Prakeiktas kiekvienas, kuris kybo ant medžio" (Laiškas galatams 3, 13).

Sužinoję, kad visų ligų priežastis yra nuodėmė, turime atgailauti už visas savo nuodėmes ir karštai tikėti į Jėzų Kristų, kuris atpirko mus iš visų mūsų ligų, ir tikėjimu gyventi sveiki. Šiandien daug tikinčiųjų patiria stebuklingus išgydymus, rodančius Dievo galią ir liudijančius apie gyvąjį Dievą. Tai rodo, kad kiekvienas žmogus, kuris priima Jėzų Kristų ir maldauja Jo vardu, gali būti išgydytas, kokia liga besirgtų. Nesvarbu, kokia sunki ir baisi liga, nes kai žmogus visa širdimi tiki į Jėzų Kristų, kuris buvo nuplaktas ir praliejo savo kraują už mus, mylintis Dievas išklauso jį ir suteikia stebuklingą išgydymą.

Darbais ištobulintas tikėjimas

Kaip keturių bičiulių padedamas paralyžiuotasis buvo

išgydytas po to, kai jie parodė Jėzui savo tikėjimą, taip ir mes, jeigu norime gauti, ko trokšta mūsų širdis, mes taip pat turime parodyti Dievui tikėjimą, lydimą darbų, taip padėdami tikėjimo pagrindus. Trumpai paaiškinsiu, kas yra tikėjimas, kad skaitytojai geriau suprastų.

Žmogaus, gyvenančio Kristuje, tikėjimą galima padalinti į dvi kategorijas. Kūniškas tikėjimas arba tikėjimas protu reiškia, kad žmogus tiki dėl fizinių įrodymų, ir Dievo žodis atitinka jo supratimą ir mintis. Dvasinis tikėjimas, priešingai, reiškia, kad žmogus tiki nematydamas, kai Dievo žodis neatitinka jo supratimo ir minčių.

Kūnišku tikėjimu žmogus tiki, kad tai, kas regima, gali atsirasti tik iš to, kas taip pat regima. Dvasiniu tikėjimu, kurio neįmanoma turėti, įtraukiant savo mintis ir žinias, žmogus tiki, kad tai kas regima, gali atsirasti iš to, kas neregima. Norėdami turėti dvasinį tikėjimą turime atsisakyti savo minčių ir žinių.

Nuo pat gimimo neaprėpiamas kiekis žinių įsirašo žmogaus

smegenyse. Tai, ką jis mato ir girdi. Tai, ką jis sužino namuose ir mokykloje. Tai, ką jis sužino įvairiausiose aplinkybėse. Tačiau ne visos įgytos žinios yra tiesa, todėl turime atmesti tai, kas prieštarauja Dievo žodžiui. Pavyzdžiui, mokykloje žmogus sužino, kad visi gyvūnai atsirado iš vienaląsčių organizmų ir išsivystė į daugialąsčius, bet Biblijoje parašyta, kad Dievas sukūrė visų rūšių gyvūnus. Ką jam daryti? Evoliucijos teorijos klaidingumas buvo daug kartų atskleistas net mokslininkų. Ar įmanoma, net žmogiškai mąstant, beždžionei išsivystyti į žmogų ir varlei į paukštį per šimtus milijonų metų? Net logika pritaria sukūrimui.

Kūniškas tikėjimas pavirsta dvasiniu, kai atmetame abejones ir atsistojame ant tikėjimo uolos. Be to, jeigu laikote save tinkančiaisiais į Dievą, turite praktiškai vykdyti Dievo žodį, kurį sužinojote. Jeigu išpažįstate tikėjimą į Dievą, turite būti pasaulio šviesa, švęsdami Viešpaties dieną, mylėdami savo artimą ir vykdydami tiesos žodį.

Jei paralyžiuotasis Evangelijos pagal Morkų 2-ame skyriuje

būtų pasilikęs namuose, jis nebūtų pasveikęs. Tačiau jis tikėjo, kad pasveiks, jeigu pateks pas Jėzų, ir parodė savo tikėjimą, naudodamas visus įmanomus būdus, todėl ir buvo išgydytas. Jeigu žmogus nori turėti naują namą ir tik meldžiasi: „Viešpatie, tikiu, kad mano namas bus pastatytas" šimtą ar tūkstantį kartų, namas pats nepasistatys. Žmogus turi atlikti savo darbo dalį: kasti žemę, padėti pamatus, mūryti sienas ir daryti kitus darbus; trumpai tariant, darbas yra būtinas.

Jeigu jūs ar kas nors iš jūsų šeimos kenčiate nuo ligų, tikėkite, kad Dievas atleis ir išgydys, matydamas visus jūsų šeimoje susivienijusius meilėje, Jis laiko vienybę tikėjimo pagrindu. Kai kas sako, kad viskam yra savo laikas, taip pat ir išgydymui. Tačiau atsiminkite, kad „laikas" būna, kai žmogus padeda tikėjimo pamatus Dievo akivaizdoje.

Tegul jūsų ligos būna išgydytos, gaukite viską, ko prašote, ir garbinkite Dievą, meldžiu mūsų Viešpaties vardu!

5 skyrius

Valdžia gydyti negalias

Evangelija pagal Matą 10, 1

Pasišaukęs dvylika mokinių, Jėzus suteikė jiems valdžią netyrosioms dvasioms, kad išvarinėtų jas ir gydytų visokias ligas bei negalias

Valdžia gydyti ligas ir negalias

Ligų išgydymas yra vienas iš įvairių būdų liudyti gyvąjį Dievą netikintiesiems. Kai žmonės, kenčiantys nuo neišgydomų ir mirtinų ligų, prieš kurias medicina bejėgė, gauna išgydymą, jie nebegali neigti Dievo Kūrėjo galios, patiki Jo galybe ir garbina Jį. Nepaisant turimų turtų, valdžios, garbės ir žinių, žmonės negali išspręsti ligų ir jų sukeliamų kančių problemos. Nors net patys didžiausi medicinos mokslo pasiekimai negali išgydyti daugybės ligų, kai žmonės tiki į visagalį Dievą, pasikliauja Juo ir atiduoda Jam ligų problemą, visos neišgydomos ir mirtinos ligos gali būti išgydytos. Mūsų Dievas yra visagalis, Jam nieko nėra neįmanomo, Jis gali sukurti bet ką iš nieko, priversti sausą lazdą sukrauti pumpurus bei sužydėti (Skaičių knyga 17, 8) ir prikelti mirusius (Evangelija pagal Joną 11, 17-44).

Mūsų Dievo jėga tikrai gali išgydyti bet kokią ligą. Evangelijoje pagal Matą 4, 23 parašyta: „Jėzus vaikščiojo po visą Galilėją, mokydamas sinagogose, skelbdamas karalystės Evangeliją ir gydydamas žmonėse visokias ligas bei negalias," o Evangelijoje pagal Matą 8, 17: „Kad išsipildytų pranašo Izaijo žodžiai: Jis prisiėmė mūsų negalias, užsikrovė mūsų ligas." Šiose

Biblijos eilutėse minimi žodžiai „ligos" ir „negalios". „Negalios" čia nereiškia nesunkių ligų, pavyzdžiui, peršalimo pervargimo. Tai nenormali būsena, kai žmogaus kūno funkcijos, jo dalys ar organai yra suparalyžiuoti arba sužaloti per nelaimingą atsitikimą arba jo tėvų ar paties klaidą. Nebylumas, kurtumas, aklumas, luošumas, kūdikių paralyžius (poliomielitas) ir kiti nepagydomi trūkumai Šventajame Rašte vadinami „negaliomis." Be to, kaip neregio nuo gimimo atveju (Evangelija pagal Joną 9, 1-3), kartais žmonės kenčia nuo negalių tam, kad juose apsireikštų Dievo darbai. Tačiau tai reti atvejai, nes dažniausiai negalių priežastis būna žmogaus neišmanymas ir klaidos.

Kai žmonės atgailauja ir priima Jėzų Kristų bei ieško tikėjimo į Dievą, Jis duoda jiems Šventosios Dvasios dovaną. Kartu su Šventąja Dvasia jie gauna teisę tapti Dievo vaikais. Kai šventoji Dvasia yra su jais, visos jų ligos pasitraukia, išskyrus labai sunkius ir rimtus atvejus. Šventosios Dvasios dovanos priėmimas leidžia Jos ugniai nužengti ant jų ir uždeginti jų žaizdas. Be to, jeigu net sunkia ir pavojinga liga sergantysis karštai meldžiasi su tikėjimu, sugriauna nuodėmės sieną tarp savęs ir Dievo, palieka nuodėmingus kelius ir atgailauja, jis sulauks išgydymo pagal savo tikėjimą.

„Šventosios Dvasios ugnis" reiškia krikštą ugnimi, kuris įvyksta po Šventosios Dvasios gavimo, ir Dievo akyse tai Jo jėga. Kai Jono Krikštytojo dvasinės akys buvo atvertos, jis pavadino Šventosios Dvasios ugnį „krikštu ugnimi". Evangelijoje pagal Matą 3, 11 Jonas Krikštytojas pasakė: „Aš jus krikštiju vandeniu atsivertimui, bet po manęs ateis galingesnis už mane; aš nevertas jam nė apavo nuauti. Jisai krikštys jus Šventąja Dvasia ir ugnimi." Krikštas ugnimi įvyksta tik tuomet, kai žmogus būna pilnas Šventosios Dvasios. Šventosios Dvasios ugnis visada nužengia ant žmogaus, kuris yra pilnas Šventosios Dvasios, todėl visos jo nuodėmės ir ligos bus sudegintos, ir jis gyvens sveikas.

Kai ugnies krikštas sudegina ligų prakeikimą, dauguma ligų būna išgydytos, tačiau negalių nesudegina net krikštas ugnimi. Tai kaip išgydyti negalias?

Visos negalios gali būti išgydytos tik Dievo duota galia. Štai kodėl Evangelijoje pagal Joną 9, 32-33 parašyta: „Nuo amžių negirdėta, kad kas būtų atvėręs aklo gimusio akis! Jei šitas nebūtų iš Dievo, jis nebūtų galėjęs nieko panašaus padaryti."

Apaštalų darbai 3, 1-10 pasakoja, kaip Petras ir Jonas, kurie abu buvo gavę iš Dievo valdžią, padėjo atsistoti luošam nuo gimimo vyrui, prašančiam išmaldos prie šventyklos vartų, vadinamų Gražiaisiais. Kai Petras jam pasakė: „Sidabro nei aukso aš neturiu, bet ką turiu, tą duosiu. Jėzaus Kristaus Nazariečio vardu kelkis ir vaikščiok!" (6-a eilutė) ir paėmė už dešinės rankos, luošio kojos ir pėdos bematant sustiprėjo, ir jis pasišokinėdamas garbino Dievą. Žmonės buvo labai nustebę ir sukrėsti, pamatę žmogų, kuris anksčiau buvo luošas, vaikščiojantį ir garbinantį Dievą.

Jeigu žmogus nori būti Dievo išgydytas, jis turi turėti tikėjimą į Jėzų Kristų. Nors minėtas luošys buvo tik elgeta, jis tikėjo į Jėzų Kristų ir pasveiko, kai turintieji Dievo duotą valdžią meldėsi už jį. Štai kodėl Šventasis Raštas sako: „Jėzaus vardas dėlei tikėjimo jo vardu tvirtą padarė tą, kurį jūs matote ir pažįstate. Iš Jėzaus kylantis tikėjimas suteikė jam tikrą sveikatą jūsų visų akyse" (Apaštalų darbai 3, 16).

Evangelijoje pagal Matą 10, 1 parašyta, kaip Jėzus suteikė savo mokiniams valdžią netyrosioms dvasioms, kad išvarinėtų jas ir gydytų visokias ligas bei negalias. Senojo Testamento laikais Dievas davė valdžią gydyti negalias savo mylimiems pranašams: Mozei, Elijui ir Eliziejui. Naujojo Testamento laikais Dievo valdžia buvo su apaštalais Petru ir Pauliumi bei ištikimais Dievo tarnais Steponu ir Pilypu.

Jeigu žmogus gauna valdžią iš Dievo, nieko nebūna neįmanomo, jis gali išgydyti luošius ir kenčiančius nuo poliomielito, atverti akis neregiams ir ausis kurtiesiems, suteikti gebėjimą kalbėti nebyliams.

Įvairūs negalių išgydymo būdai

1. Dievo galia išgydė sunkiai kalbantį kurčių

Evangelija pagal Morkų 7, 31-37 pasakoja, kaip Dievo galia išgydė sunkiai kalbantį kurčių. Kai žmonės atvedė jį pas Jėzų ir prašė uždėti ant jo ranką, Jėzus pasivėdėjo jį nuošaliau nuo minios įleido savo pirštus į jo ausis, paseilino ir palietė jam liežuvį, pažvelgė į dangų, atsiduso ir tarė jam: „Efata!" – tai yra:

„Atsiverk!" Ir tuojau atsivėrė jo klausa, atsirišo liežuvio ryšys, ir jis kalbėjo kaip reikia.

Ar Dievas, kuris savo žodžiu sukūrė viską visatoje, negalėjo savo žodžiu išgydyti ir šio žmogaus? Kodėl Jėzus įdėjo savo pirštus į jo ausis? Kadangi kurčius visiškai negirdėjo ir bendravo su kitais ženklų kalba, jis nebūtų galėjęs tikėti, jeigu Jėzaus būtų kalbėjęs balsu. Jėzus žinojo, kad šiam žmogui trūksta tikėjimo, todėl įleido savo pirštus į jo ausis, kad per šį prisilietimą žmogus įgytų tikėjimą ir per jį būtų išgydytas. Svarbiausias elementas yra tikėjimas, kuriuo žmogus gali būti išgydytas. Jėzus būtų galėjęs savo žodžiu išgydyti šį žmogų, bet šis negirdėjo, todėl Jėzus pasėjo tikėjimą ir pagydė kurčių, panaudodamas kitą būdą.

Kodėl Jėzus paseilino ir palietė žmogui liežuvį? Faktas, kad Jėzus panaudojo savo seiles, liudija, kad piktoji dvasia buvo šio žmogaus nebylumo priežastis. Jeigu kas nors spjautų jums į veidą be jokios priežasties, kaip jūs tai priimtumėte? Tai amoralus, paniekinantis ir žeminantis veiksmas. Spjūvis simbolizuoja nepagarbą ir pažeminimą, todėl ir Jėzus spjovė tam, kad išvarytų piktąją dvasią.

Pradžios knygoje parašyta, kad Dievas prakeikė ir pasmerkė žaltį ant pilvo šliaužioti ir dulkes ėsti visas jo gyvenimo dienas. Kitaip tariant, taip Dievas prakeikė priešą velnią ir šėtoną, kuris sukurstė žaltį, pasidaryti savo geidžiamu grobiu žmogų, kuris padarytas iš žemės dulkių. Todėl nuo Adomo laikų priešas velnias atkakliai stengiasi sumedžioti žmones ir ieško visokiausių galimybių suvedžioti, kankinti ir praryti žmogų. Kaip musės, uodai ir vikšrai gyvena nešvariose vietose, taip ir priešas velnias apsigyvena žmonėse, kurių širdys pilnos nuodėmių, pykčio bei įniršio, ir užvaldo jų protus. Turite įsisąmoninti, kad tik tie, kas gyvena ir elgiasi pagal Dievo žodį, gali būti išgydyti nuo visų savo ligų.

2. Dievo galia išgydė neregį

Evangelijoje pagal Morkų 8, 22-25 parašyta:

Jie ateina į Betsaidą. Ten atveda pas Jėzų vieną neregį ir prašo jį palytėti. Jis paėmė neregį už rankos ir nusivedė už kaimo. Ten patepė seilėmis jo akis, uždėjo ant jo rankas ir paklausė: „Ar ką nors matai?" Šis apsižvalgęs tarė: „Regiu žmones. Lyg kokius medžius matau juos vaikščiojančius." Jėzus vėl palietė rankomis jo akis, ir jis visiškai praregėjo tapo sveikas ir viską ryškiai matė. Jėzus išsiuntė jį namo, sakydamas: „Tik neužeik į kaimą."

Kai Jėzus meldėsi už šį neregį, Jis spjovė jam į akis. Kodėl šis žmogus visiškai praregėjo ne iš karto, bet tik po to, kai Jėzus pasimeldė už jį antrą kartą? Savo galia Jėzus galėjo iš karto visiškai išgydyti šį žmogų, bet šio tikėjimas buvo menkas, todėl Viešpats pasimeldė antrą kartą, kad padėtų jam įgyti tikėjimą. Savo elgesiu Jėzus moko, kad kai žmonės negali priimti išgydymo, pasimeldus už juos pirmą kartą, turime melstis antrą, trečią ir net ketvirtą kartą, kol pasėsime juose tikėjimo išgydymu sėklą. Jėzus, kuriam nieko nebuvo neįmanomo, meldėsi antrą kartą matydamas, kad neregys dar nepakankamai tiki savo išgydymu. Ką mums daryti? Turime atkakliai ir kantriai melstis, kol būsime išgydyti.

Evangelija pagal Joną 9, 6-9 pasakoja kaip aklas gimęs žmogus buvo pagydytas, Jėzui spjovus žemėn, padarius purvo iš seilių ir patepus juo neregio akis. Kodėl Jėzus išgydė jį, spjaudamas žemėn, padarydamas purvo ir seilių ir patepdamas juo nereginčias akis? Seilės čia nereiškia nieko nešvaraus; Jėzus spjovė žemėn, kad padarytų purvo ir uždėtų jo ant aklo žmogaus akių. Jėzus padarė purvo iš seilių todėl, kad ten trūko vandens. Patinus vaiko odai nuo vabzdžio įgėlimo, tėvai dažnai savo seilėmis su meile patepa įkandimo vietą. Turime suprasti mūsų Viešpaties meilę, Jis naudojo įvairias priemones, kad padėtų silpniesiems įgyti tikėjimą.

Kai Jėzus uždėjo purvo ant neregio akių, šis pajuto purvą, šildantį jo nereginčias akis, ir įgijo tikėjimą, kuriuo galėjo priimti stebuklingą išgydymą. Davęs neregiui tikėjimo, kurio šis nedaug turėjo, Jėzus savo galia atvėrė jam akis.

Jėzus pasakė: „Kol nepamatysite ženklų ir stebuklų, jūs netikėsite" (Evangelija pagal Joną 4, 48). Šiandien neįmanoma padėti žmonėms įgyti gyvą tikėjimą, vien skelbiant Biblijoje užrašytą Dievo žodį be patvirtinimo antgamtiškais išgydymais ir stebuklais. Mūsų laikas, kai mokslo pasiekimai milžiniški, ypatingai sunku įgyti dvasinį tikėjimą ir tikėti neregimu Dievu. Dažnai girdime žmones sakant: „Tikiu tuo, ką matau." Žmonių tikėjimas išauga ir antgamtiški išgydymai vyksta, kai jie mato realius gyvojo Dievo buvimo įrodymus, todėl „ženklai ir stebuklai" yra žūtbūtinai reikalingi

3. Dievo galia išgydė luošį

Kaip Jėzus skelbė gerąją naujieną ir gydė žmones, kenčiančius nuo įvairių ligų ir negalių, taip ir Jo mokiniai rodė Dievo jėgą. Kai Petras įsakė luošam elgetai: „Jėzaus Kristaus Nazariečio vardu kelkis ir vaikščiok!" ir paėmė jį už dešinės rankos, jo kojos ir pėdos bematant sustiprėjo, jis pašoko, atsistojo ir ėmė vaikščioti (Apaštalų darbai 3, 6-10). Matydami ženklus ir stebuklus, kuriuos Petras darė, gavęs Dievo jėgos, daugybė žmonių įtikėjo Viešpatį. Žmonės net nešė ligonius ir neįgaliuosius į gatves ir ten guldydavo ant neštuvų bei lovų, kad, Petrui praeinant pro šalį, bent jo šešėlis kristų ant gulinčiųjų. Taip pat iš aplinkinių miestelių minios žmonių keliaudavo į Jeruzalę, gabendami sergančius ir netyrųjų dvasių varginamus, ir visi jie būdavo išgydomi (Apaštalų darbai 5, 14-16).

Apaštalų darbuose 8, 5-8 parašyta: „Pilypas nuvyko į Samarijos miestą ir ėmė skelbti gyventojams Mesiją. Minios vieningai klausėsi Pilypo žodžių, nes ne tik girdėjo, bet ir matė daromus stebuklus. Iš daugelio apsėstųjų, baisiai šaukdamos, išeidavo netyrosios dvasios. Buvo išgydyta daug paralyžiuotųjų ir luošių. Taigi didelis džiaugsmas pasklido po tą miestą."

Apaštalų darbai 14, 8-12 pasakoja apie vyrą nesveikomis kojomis, kuris buvo luošas nuo pat gimimo ir niekuomet nė žingsnio nežengęs. Kai jis išklausė Pauliaus kalbą ir įgijo gelbstintį tikėjimą, Paulius įsakė: „Atsistok tiesiai ant savo kojų!" Luošys pašoko ir ėmė vaikščioti. Mačiusieji šį įvykį ėmė šaukti: „Dievai, pasivertę žmonėmis, nužengė pas mus!"

Apaštalų darbai 19, 11-12 sako, kad „Pauliaus rankomis Dievas padarydavo nepaprastų stebuklų. Žmonės net dėdavo ligoniams jo kūną lietusias skepetėles, prijuostes, ir nuo jų pasitraukdavo ligos, išeidavo piktosios dvasios." Ar įsivaizduojate kokia pribloškianti ir stebuklinga Dievo galybė?

Per žmones, kurių širdis pasiekia šventumą ir tobulą meilę, kokie buvo apaštalai Petras ir Paulius bei diakonai Pilypas ir Steponas, Dievo galybė veikia ir šiandien. Kai žmonės ateina pas Dievą su tikėjimu trokšdami, kad jų negalios būtų išgydytos, jie gali pasveikti, kai už juos pasimeldžia Dievo tarnai, per kuriuos Jis veikia.

Nuo pat Manmin bažnyčios įkūrimo, gyvasis Dievas leido man padaryti daug įvairių ženklų ir stebuklų, kurie pasėjo tikėjimą bažnyčios narių širdyse ir atnešė didžiulį dvasinį prabudimą.

Viena moteris buvo patyrusi daug smurto iš savo alkoholiko vyro. Gydytojai nebeturėjo vilties jos pagydyti, kai po eilinio žiauraus sumušimo, vargšės moters regos nervus ištiko paralyžius. Išgirdusi apie Manmin bažnyčią ji atėjo pas mus. Ji uoliai lankė bažnyčios susirinkimus, garbino Dievą ir karštai maldavo išgydymo. Aš pasimeldžiau už ją, ir ji praregėjo. Dievo galia atgaivino ir visiškai išgydė regos nervus, kurie žmonėms buvo nebepagydomi.

Kitu atveju, vienas vyras kentėjo nuo sunkaus sužalojimo, nelaimingo atsitikimo metu jo stuburas lūžo aštuoniose vietose. Jo kūnas žemiau juosmens buvo paralyžiuotas, ir jam grėsė abiejų kojų amputavimas. Priėmęs Jėzų Kristų į savo gyvenimą jis išvengė kojų amputavimo, bet galėjo paeiti tik su ramentais. Jis pradėjo lankytis Manmin maldos centro susirinkimuose ir netrukus vieną penktadienį Dievo šlovinimo per visą naktį susirinkime, man pasimeldus už šį vyrą, šis metė šalin savo ramentus, pašoko ant kojų, ėmė laisvai vaikščioti ir nuo to laiko tapo ištikimu gerosios naujienos skelbėju.

Dievo galia gali visiškai išgydyti negalias, prieš kurias medicina bejėgė. Evangelijoje pagal Joną 16, 23 Jėzus pažadėjo: „Tą dieną jūs manęs nieko neklausinėsite. Iš tiesų, iš tiesų sakau jums: jei tik prašysite Tėvą mano vardu, jis duos tai jums." Tikėkite nuostabia Dievo galia, karštai siekite jos, išsivaduokite iš savo ligų problemos ir tapkite Dievo pasiuntiniais, nešančiais gyvojo ir visagalio Dievo gerąją naujieną, meldžiu mūsų Viešpaties vardu!

6 skyrius

Kaip išgydyti demonų apsėstuosius

Evangelija pagal Morkų 9, 28-29

Kai Jėzus grįžo namo, mokiniai, pasilikę su juo vieni, klausė: „Kodėl mes negalėjome jos išvaryti?" O jis atsakė: „Ta veislė neišvaroma nieku kitu, tik malda"

Paskutinėmis dienomis daugelio meilė atšals

Šiuolaikinio mokslo ir pramonės vystymasis atnešė materialinę gerovę ir leido žmonėms siekti patogesnio gyvenimo ir didesnio pelno. Šie du veiksniai taip pat pastūmėjo žmones į susvetimėjimą, didžiulį savanaudiškumą, išdavystes ir nevisavertiškumo kompleksą, nes meilė atšalo, ir dabar sunku atrasti supratimą ir atleidimą.

Kaip Jėzus išpranašavo Evangelijoje pagal Matą 24, 12: „Kadangi įsigalės neteisybė, daugelio meilė atšals", nedorybės klesti, meilė atšalo ir viena iš didžiausių dabartinės visuomenės bėdų yra augantis psichikos sutrikimų skaičius. Daugybė žmonių kenčia nuo nervinio išsekimo ir šizofrenijos.

Psichiatrinėse ligoninėse izoliuojami ligoniai, kurie negali normaliai gyventi, bet vis dar nėra vaistų nuo šių ligų. Jeigu po kelerių gydymo metų niekas nesikeičia, šeimos nariai pavargsta ir dažnai apleidžia arba palieka tokius ligonius, ir šie, gyvendami be šeimų, negali elgtis kaip normalūs žmonės. Nors jiems būtina artimųjų meilė, nedaug žmonių gali parodyti ją psichikos ligoniams.

Šventasis Raštas daug kartų mini, kad Jėzus gydė demonų apsėstuosius. Kodėl tai užrašyta Biblijoje? Pasaulio pabaigai artėjant, meilė atšalo, ir šėtonas kankina žmones psichikos sutrikimais, darydamas juos velnio vaikais. Šėtonas kankina, susargdina, supainioja ir sutepa nuodėme žmonių protus. Nuodėmių ir nedorybių persmelktoje visuomenėje pilni pavydo, vaidingumo, neapykantos žmonės žudo vienas kitą. Paskutiniaisiais laikais krikščionys turi atskirti tiesą nuo netiesos, saugoti savo tikėjimą gyventi sveiki kūnu ir siela.

Išsiaiškinkime, kodėl šėtonas kursto ir kankina mus, kodėl vis daugėja šėtono bei demonų apsėstųjų ir psichikos ligonių šiuolaikinėje visuomenėje, nepaisant niekada anksčiau neregėtos mokslo pažangos.

Procesas, per kurį apsėda šėtonas

Kiekvienas turi sąžinę, ir dauguma žmonių gyvena pagal ją, bet kiekvieno sąžinės standartai ir poelgiai pagal juos yra skirtingi, nes kiekvienas gimė ir augo skirtingose aplinkybėse ir sąlygose, išmoko skirtingų dalykų iš tėvų, namuose, mokykloje ir sukaupė skirtingą informaciją.

Dievo žodis mums sako: „Nesiduok pikto nugalimas, bet nugalėk pikta gerumu" (Laiškas romiečiams 12, 21) ir ragina mus: „O aš jums sakau: nesipriešink piktam [žmogui], bet jei kas tave užgautų per dešinį skruostą, atsuk jam ir kitą" (Evangelija pagal Matą 5, 39). Dievo žodis moko mylėti ir atleisti, todėl tikintieji juo išsiugdo teisingumo standartą „pralaimėjimas yra pergalė". Kita vertus, jeigu žmogus išmoko keršyti už kiekvieną užgavimą, jo teisingumo jausmas sako, kad priešinimasis yra drąsus elgesys, ir tik bailiai nekeršija už skriaudas. Trys veiksniai – individualus teisingumo standartas, teisus arba neteisus gyvenimas ir nuolaidžiavimo pasauliui laipsnis – suformuoja skirtingą sąžinę kiekviename žmoguje.

Žmonės gyvena skirtingus gyvenimus, ir jų sąžinė skiriasi, todėl Dievo priešas šėtonas naudojasi tuo ir gundo žmones gyventi pagal nuodėmingą prigimtį ir priešintis teisingumui bei gerumui, kurstydamas piktas mintis ir nuodėmių darymą.

Žmogaus širdyje vyksta kova tarp Šventosios Dvasios

raginimo gyventi pagal Dievo įstatymą ir nuodėmingos prigimties troškimo tenkinti kūno geidulius. Štai kodėl Dievas ragina mus Laiške galatams 5, 16-17: „Aš sakau: gyvenkite Dvasia, ir jūs nepasiduosite kūno geismams. Mat kūno geismai priešingi Dvasiai, o Dvasios kūnui; jie vienas kitam priešingi, todėl jūs nedarote, kaip norėtumėte."

Jeigu gyvensime, vykdydami Šventosios Dvasios troškimus, paveldėsime Dievo karalystę; jeigu tenkinsime nuodėmingos prigimties geidulius ir gyvensime ne pagal Dievo žodį, nepaveldėsime Jo karalystės. Štai kodėl Dievas įspėja mus Laiške galatams 5, 19-21 parašyta:

Kūno darbai žinomi; tai ištvirkavimas, netyrumas, gašlavimas, stabmeldystė, burtininkavimas, priešiškumas, nesantaika, pavyduliavimas, piktumai, vaidai, nesutarimai, susiskaldymai, pavydai, girtavimai, apsirijimai ir panašūs dalykai. Aš jus įspėju, kaip jau esu įspėjęs, jog tie, kurie taip daro, nepaveldės Dievo karalystės.

Kaip žmonės tampa demonų apsėsti?

Šėtonas per mintis sužadina nuodėmingos prigimties geidulius žmonėse, kurių širdis vergauja nuodėmei. Jeigu žmogus nesuvaldo savo minčių ir daro nuodėmingos prigimties skatinamus darbus, kaltės jausmas persmelkia jo širdį, ir ji darosi vis nedoresnė. Nuodėmingos prigimties darbams kaupiantis, galiausiai žmogus visiškai praranda savikontrolę ir daro viską, ką šėtonas jam liepia. Toks žmogus vadinamas šėtono apsėstu.

Pavyzdžiui, tingiam žmogui patinka ne dirbti, bet gerti ir tuščiai leisti laiką. Šėtonas stengiasi užvaldyti jo mintis ir kursto gerti, švaistyti laiką ir manyti, kad dirbti labai sunku. Šėtonas atima iš jo gerumą, kuris yra tiesa, norą kurti gyvenimą ir paverčia nekompetentingu veltėdžiu.

Gyvendamas ir elgdamasis pagal šėtono įsakymus, žmogus nepajėgia ištrūkti iš jo gniaužtų. Priešingai, jo širdis darosi vis nedoresnė, jis visiškai pasiduoda piktoms mintims ir, užuot suvaldęs širdies geidulius, daro tik tai, kas jam patinka. Jeigu jis nori pykti, pyksta savo pasitenkinimui; jeigu nori vaidytis ir ginčytis, vaidijasi ir ginčijasi, kiek nori; jeigu nori išgerti, negali susilaikyti negėręs. Kai tai ilgai tęsiasi, jis peržengia ribą ir nebegalėdamas valdyti savo minčių bei širdies pamato, kad viską daro prieš savo valią. Po šio proceso jis tampa demonų apsėstas.

Demonų apsėdimo priežastis

Šėtonas gali kurstyti žmogų ir paskui demonai apsėsti dėl dviejų pagrindinių priežasčių.

1. Tėvai

Jeigu tėvai palieka Dievą, garbina stabus, kuriais Dievas bjaurisi, arba daro baisius nusikaltimus, piktosios dvasios įsiskverbia į jų vaikus, ir jeigu niekas jais nesirūpina, jie tampa demonų apsėsti. Šiuo atveju, tėvai turi ateiti pas Dievą, nuoširdžiai atgailauti už savo nuodėmes, palikti nuodėmingus kelius ir maldauti Dievo malonės savo vaikams. Dievas ištirs tėvų širdis ir atsiųs stebuklingą išgydymą, nutraukdamas neteisumo grandines.

2. Pats žmogus

Žmogus gali būti demonų apsėstas ir dėl savo paties netiesų, nedorybių, puikybės ir kitų nuodėmių. Jis negali pats melstis ir atgailauti, todėl Dievo tarnui, per kurį veikia Dievo jėga, pasimeldus už jį, neteisumo pančiai nukrenta. Kai demonai būna išvaryti, žmogui sugrįžta sveikas protas, ir jis turi būti mokomas Dievo žodžio, kad jos širdis, skendėjusi nuodėmėse ir piktybėse, būtų nuplauta ir pripildyta tiesos.

Jeigu vienas iš šeimos ar narių giminių yra demonų apsėstas, šeima turi paskirti žmogų, kuris melsis už apsėstąjį, kuris nieko negali padaryti savo valia, nes demonai valdo jo mintis ir širdį. Jie negali nei melstis, nei klausyti tiesos žodžio, nei gyventi tiesoje. Todėl visa šeima ar bent vienas jos narys turi melstis už jį su meile ir užuojauta, kad demonų apsėstasis galėtų įtikėti Dievą. Kai Dievas matys pasišventimą ir meilę šeimoje, Jis suteiks stebuklingą išgydymą. Jėzus liepė mums mylėti savo artimą kaip save patį (Evangelija pagal Luką 10, 27). Jeigu negalime melstis ir aukotis už demonų apsėstą savo šeimos narį, kaip galime sakyti, kad mylime savo artimą?

Kai demonų apsėstojo šeimos nariai ir draugai nustato

apsėdimo priežastį, atgailauja, meldžiasi su tikėjimu Dievo galia bei meile ir pasėja tikėjimo sėklą, demoniškos jėgos pasitraukia, ir kentėjęs artimasis tampa tiesos žmogumi, kurį Dievas apsaugo nuo demonų.

Demonų apsėstų žmonių išgydymas

Daug Biblijos vietų pasakoja apie demonų apsėstų žmonių išgydymą. Išsiaiškinkime, kaip jie buvo išgydyti.

1. Jūs turite atremti demonų jėgas.

Evangelijos pagal Morkų 5, 1-20 pasakoja apie netyrosios dvasios apsėstą vyrą. Trečia ir ketvirta eilutės sako: „Jis gyveno kapų rūsiuose, ir niekas negalėjo nė grandinėmis jo surakinti. Jis jau daug kartų buvo pančiojamas ir grandinėmis rakinamas, bet sutrupindavo grandines, nusitraukydavo pančius, ir niekas negalėdavo jo suvaldyti." Toliau, nuo penktos iki septintos eilutės, parašyta: „Per kiauras naktis ir dienas jis bastydavosi po kapines ir po kalnus, klykdamas ir daužydamas save akmenimis.

Iš tolo pamatęs Jėzų, atbėgo, parpuolė priešais ir ėmė garsiai šaukti: 'Ko tau iš manęs reikia, Jėzau, aukščiausiojo Dievo Sūnau? Saikdinu tave Dievu, nekankink manęs!'"

Tai buvo atsakymas į Jėzaus paliepimą: „Išeik, netyroji dvasia, iš žmogaus!" Šis įvykis rodo, kad netyroji dvasia puikiai žinojo, kas Jėzus buvo ir kokią valdžią turėjo, nors žmonės nežinojo, kad Jėzus buvo Dievo Sūnus. Jėzus dar paklausė: „O kuo tu vardu?" Demonų apsėstas žmogus atsakė: „Mano vardas Legionas, nes mūsų daug." Demonai maldavo nevaryti jų iš to krašto ir prašė pasiųsti juos į kiaules. Jėzus paklausė vardo ne todėl, kad nežinojo, Jis klausė kaip teisėjas, apklausiantis netyrąją dvasią. Be to, vardas „Legionas" reiškia, kad daugybė demonų buvo apnikę tą žmogų.

Jėzus leido „Legionui" sueiti į kiaulių kaimenę, kuri ūmai metėsi nuo skardžio į ežerą ir prigėrė ežere. Kai išvarome demonus, turime daryti tai tiesos žodžiu, kurį simbolizuoja vanduo. Kai žmonės pamatė vyrą, kurio niekas negalėjo suvaldyti, sėdintį visiškai išgydytą, apsirengusį ir sveiko proto, juos apėmė baimė.

Kaip šiandien išvaryti demonus? Jie turi būti išvaryti Jėzaus Kristaus vardu į vandenį, kuris simbolizuoja Dievo žodį, arba ugnį, kuri simbolizuoja Šventąją Dvasią, kad demonų galia pražūtų. Demonai yra dvasinės būtybės, todėl jie išvaromi, kai meldžiasi turintis Dievo duotą galią žmogus. Jeigu neturintis tikėjimo žmogus bandys išvaryti demonus, šie pažemins arba pasišaipys iš jo. Todėl, siekiant demonų apsėsto asmens išgydymo, reikia, kad už jį melstųsi Dievo žmogus, turintis Jo duotą valdžią demonams išvaryti.

Tačiau kartais demonai nepasitraukia, net Dievo žmogui varant juos Jėzaus Kristaus vardu, jeigu demonų apsėstas žmogus piktžodžiavo ar kalbėjo prieš Šventąja Dvasią (Evangelija pagal Matą 12, 31; Evangelija pagal Luką 12, 10). Demonų apsėstieji negali būti išgydyti, jeigu aiškiai pažinę tiesą sąmoningai daro nuodėmes (Laiškas hebrajams 10, 26).

Be to, Laiške hebrajams 6, 4-6 parašyta: „Kurie kartą jau buvo apšviesti, paragavo dangaus dovanos, tapo Šventosios Dvasios dalininkais, patyrė gerąjį Dievo žodį bei būsimojo amžiaus galybę ir nupuolė, tų nebeįmanoma iš naujo atgaivinti atsivertimui, nes jie sau kryžiuoja Dievo Sūnų ir išstato jį paniekai." Todėl, žinodami tai, turime saugotis, kad nepadarytume nuodėmių, už kurias nebegalima gauti atleidimo. Taip pat turime tiesoje atskirti, ar demonų apsėstas žmogus gali būti išgydytas malda.

2. Apsiginkluokite tiesa.

Kai demonai būna išvaryti iš žmonių, šie turi pripildyti savo širdį gyvybe ir tiesa, uoliai skaitydami Dievo žodį, garbindami Dievą ir melsdamiesi. Jeigu, išvarius demonus, žmonės toliau gyvena nuodėmėje ir neapsiginkluoja tiesa, išvarytieji demonai sugrįš ir atsives dar piktesnių dvasių. Tokiems žmonės bus blogiau, negu demonams apsėdus juos pirmą kartą.

Evangelijoje pagal Matą 12, 43-45 Jėzus sako:

Netyroji dvasia, išėjusi iš žmogaus, klaidžioja bevandenėse vietose, ieškodama poilsio, ir neranda. Tada ji sako: „Grįšiu į savo namus, iš kur išėjau." Sugrįžusi randa juos tuščius, iššluotus ir išpuoštus. Tada eina, pasiima kitas septynias dvasias, dar piktesnes už save, ir įėjusios jos ten apsigyvena. Ir paskui tam žmogui darosi blogiau negu pirma. Taip atsitiks ir šiai piktai kartai.

Demonai neturi būti išvarinėjami neatsakingai. Išvarius demonus, išlaisvinto žmogaus draugai ir šeimos nariai turi rodyti jam daugiau meilės negu anksčiau, pasiaukojančiai rūpintis juo ir apginkluoti tiesa, kol jis visiškai pasveiks.

Tikinčiam viskas galima

Evangelija pagal Morkų 9, 17-27 pasakoja, kaip Jėzus išgydė nebylumo dvasios apsėstą berniuką, sergantį epilepsija, pamatęs šio vaiko tėvo tikėjimą. Pažvelkime, kaip berniukas buvo išgydytas.

1. Šeima turi parodyti savo tikėjimą.

Berniukas Evangelijos pagal Morkų 9-ame skyriuje buvo kurčnebylys nuo kūdikystės dėl demonų apsėdimo. Jis nesuprato nė žodžio ir bendrauti su juo buvo neįmanoma. Be to, buvo sunku numatyti, kada ir kur jį ištiks epilepsijos priepuolis. Jo tėvas gyveno nuolatinėje baimėje ir kančioje, praradęs visas gyvenimo viltis.

Paskui jis išgirdo apie vyrą iš Galilėjos, kuris darė stebuklus, prikeldamas mirusiuosius ir gydydamas visokias ligas, ir vilties spindulys prasiskverbė į šio žmogau neviltį. Vargšas tėvas tikėjo, kad šis galilėjietis gali išgydyti ir jo sūnų. Jis atvedė savo vaiką pas Jėzų ir tarė: „Tad jei ką gali, pasigailėk mūsų ir padėk mums!" (Evangelija pagal Morkų 9, 22)

Išgirdęs karštą šio vyro prašymą, Jėzus pasakė: „'Jei ką gali'?! Tikinčiam viskas galima!" ir subarė jį už mažatikystę. Tėvas girdėjo naujienas, bet širdimi netikėjo. Jeigu tėvas būtų žinojęs, kad Jėzus, būdamas Dievo Sūnus, buvo visagalis ir pati tiesa, jis nebūtų sakęs „jeigu." Norėdamas pamokyti mus, kad be tikėjimo neįmanoma patikti Dievui ir gauti atsakymų į maldas, Jėzus tarė: „Jei ką gali?!" subaręs berniuko tėvą už mažatikystę.

Tikėjimas būna dviejų rūšių. „Kūnišku tikėjimu" arba „tikėjimu paremtu žiniomis", žmogus tiki tuo, ką mato.

Tikėjimas, kai žmogus tiki nematydamas, vadinamas „dvasiniu tikėjimu", „tikru tikėjimu", „gyvu tikėjimu" arba „tikėjimu lydimu darbų." Šios rūšies tikėjimas gali sukurti ką nors iš nieko. Tikėjimas pagal Biblijoje pateiktą apibrėžimą „laiduoja mums tai, ko viliamės, įrodo tikrovę, kurios nematome" (Laiškas hebrajams 11, 1).

Kai žmonės serga pagydomomis ligomis, jie gali išgyti, Šventosios Dvasios ugniai sudeginus ligas, parodę savo tikėjimą ir pripildyti Šventosios Dvasios. Jeigu suserga pradedantysis tikėjime, jis gali būti išgydytas, atvėręs savo širdį, klausydamas Dievo žodžio ir parodydamas savo tikėjimą. Jeigu suserga brandus, turintis tikėjimą krikščionis, jis gali būti išgydytas, palikęs nuodėmingą kelią per atgailą.

Kai žmonės kenčia nuo nepagydomų ligų, jie turi parodyti didesnį tikėjimą. Jeigu suserga brandus krikščionis, turintis tikėjimą, jis gali būti išgydytas, atgailoje atvėręs ir persiplėšęs savo širdį, karštai melsdamasis. Jeigu serga menką tikėjimą turintis arba netikintis žmogus, jis nebus išgydytas, kol neturės tikėjimo, ir tik jam įtikėjus, Dievas gydys jį pagal jo tikėjimo augimą.

Fiziškai neįgalūs žmonės, turintys luošą kūną, ir sergantieji paveldimomis ligomis gali būti išgydyti tik Dievo stebuklais. Jie turi parodyti atsidavimą Dievui ir tikėjimą, kuris suteikia jiems meilę ir patinka Dievu. Tik tuomet Dievas pripažins jų tikėjimą ir suteiks išgydymą. Kai žmonės parodo savo karštą tikėjimą į Dievą – kaip Bartimiejus garsiai šaukė Jėzų (Evangelija pagal Morkų 10, 46-52), kaip šimtininkas parodė Jėzui savo didelį tikėjimą (Evangelija pagal Matą 8, 5-13), kaip paralitikas ir keturi jo draugai parodė savo tikėjimą ir ryžtą (Evangelija pagal Morkų 2, 3-12) – Dievas išgydo juos.

Demonų apsėstieji negali parodyti savo tikėjimo ir būti išgydyti be Dievo veikimo, todėl jų šeimos nariai turi tikėti į visagalį Dievą ir maldauti Jį išgydymo iš dangaus.

2. Žmonės turi turėti tikėjimą.

Demono apsėsto berniuko tėvas pirmiausia buvo Jėzaus subartas už mažatikystę. Kai Jėzus tvirtai jam pareiškė: " Tikinčiam viskas galima!", tėvas ištarė: „Tikiu!" Tačiau jo tikėjimas apsiribojo protu. Todėl šis vyras ėmė maldauti Jėzų: „Padėk mano netikėjimui!" (Evangelija pagal Morkų

9, 24) Išgirdęs maldaujantį berniuko tėvą ir matydamas jo nuoširdumą, karštą troškimą ir tikėjimą, Jėzus suteikė jam dvasinį tikėjimą.

Lygiai taip pat šaukdamiesi Dievo, mes galime gauti tokį tikėjimą, kokio reikia atsakymams į maldas ir mūsų problemų sprendimui, ir „neįmanoma" tampa „galima."

Kai berniuko tėvas įgijo pakankamą tikėjimą, Jėzus įsakė: „Nebyle ir kurčia dvasia, įsakau tau, išeik iš jo ir daugiau nebegrįžk!" ir piktoji dvasia klykdama išėjo iš berniuko (Evangelija pagal Morkų 9, 25-27). Tėvui maldaujant tikėjimo ir trokštant Dievo įsikišimo – net pradžioje jį subaręs – Jėzus suteikė jo sūnui stebuklingą išgydymą.

Jėzus atsiliepė ir suteikė visišką išgydymą šio tėvo sūnui, kurį buvo apsėdusi dvasia, atėmusi jam kalbą ir kankinusi epilepsija. Berniukas dažnai pakrisdavo, iš burnos jam eidavo putos, jis griežėdavo dantimis ir pastirdavo.

Ar galite abejoti Dievo gerumu ir noru padaryti, kad viskas

sektųsi, bei suteikti sveikatą tiems, kas tiki, kad Dievo galybei viskas galima, ir gyvena pagal Jo žodį?

Netrukus po Manmin bažnyčios įkūrimo jaunuolis iš Gangwon provincijos aplankė mus, išgirdęs apie mūsų bažnyčią. Jis manė, kad ištikimai tarnauja Dievui, būdamas sekmadieninės mokyklos mokytoju ir choro nariu. Tačiau jis buvo nepaprastai išpuikęs ir nebandė išrauti nedorybių iš savo širdies, bet kaupė nuodėmes, todėl demonas apsigyveno jo nešvarioje širdyje ir kankino jį. Stebuklingas išgydymas įvyko, karštai meldžiantis jo tėvui, kuris buvo pasišventęs Dievui. Nustačius demono tapatybę ir išvarius jį lauk malda, jaunuoliui iš burnos ėjo putos, jis krito aukštielninkas ir iškvėpė baisią smarvę. Po šio įvykio jaunuolio gyvenimas atsinaujino, jis apsiginklavo tiesa Manmin bažnyčioje. Šiandien jis ištikimai tarnauja savo bažnyčioje Gangwon provincijoje ir garbina Dievą, dalindamasis liudijimu apie savo išgydymą su daugybe žmonių.

Supraskite, kad Dievo veikimas neturi ribų, ir viskas yra galima, kad melsdamiesi taptumėte ne tik palaimintais Dievo vaikais, bet ir Jo mylimais šventaisiais, kuriems visada viskas sekasi, meldžiu mūsų Viešpaties vardu!

7 skyrius

Raupsuotojo Naamano tikėjimas ir paklusnumas

Karalių antra knyga 5, 9-10; 14

Tad Naamanas atvyko su savo žirgais bei vežimais ir sustojo prie Eliziejaus namų durų. Eliziejus nusiuntė pasiuntinį jam pasakyti: „Eik ir nusimaudyk Jordano upėje septynis kartus; tavo kūnas išgis, ir tu būsi švarus." Tad jis nukeliavo ir pasinėrė septynis kartus Jordano upėje pagal Dievo vyro žodį; jo kūnas tapo kaip mažo berniuko, ir jis pasidarė švarus

Raupsuotasis generolas Naamanas

Gyvendami visi susiduriame su didelėmis ir mažomis bėdomis. Kartais problemos būna žmogui neįveikiamos. Aramo šalyje į šiaurę nuo Izraelio gyveno kariuomenės vadas vardu Naamanas. Jis atvedė į pergalę Aramo kariuomenę, kai šalis buvo dideliame pavojuje. Naamanas mylėjo savo šalį ir ištikimai tarnavo karaliui. Nors karalius labai vertino Naamaną, generolas kentėjo dėl paslapties, kurios niekas nežinojo. Kas sukėlė jo kančias? Naamanas kankinosi ne todėl, kad jam trūko turtų ar garbės. Naamanas buvo nelaimingas todėl, kad sirgo raupsais, neišgydoma liga, prieš kurią jo laikų medicina buvo bejėgė.

Naamano laikais raupsuotieji buvo laikomi nešvariais. Jie buvo verčiami gyventi atskirai, už miesto ribų. Naamano kančios buvo nepakeliamos, nes be skausmo šią ligą lydėjo kitos bėdos. Raupsai sukelia riešuto dydžio spuogus, ypač ant veido, rankų ir kojų, bei pažeidžia jutimus. Sunkiais atvejais iškrinta antakių plaukai, nukrinta rankų ir kojų nagai, žmogaus išvaizda pasidaro šiurpi.

Vieną dieną Naamanas, sergantis nepagydoma liga ir nerandantis džiaugsmo gyvenime, išgirdo gerą naujieną. Pasak jaunos mergaitės, paimtos į nelaisvę iš Izraelio ir tarnaujančios jo žmonai, Samarijoje gyveno pranašas, galintis išgydyti Naamaną nuo raupsų. Naamanas buvo pasiryžęs padaryti viską, kad būtų išgydytas, todėl pranešė karaliui apie savo ligą ir tai, ką išgirdo iš tarnaitės. Išgirdęs, kad jo ištikimasis generolas bus išgydytas nuo raupsų, jeigu nuvyks pas pranašą į Samariją, karalius padėjo Naamanui ir net parašė laišką dėl jo Izraelio karaliui.

Naamanas išvyko, pasiėmęs dešimt sidabro talentų, šešis tūkstančius aukso šekelių, dešimt drabužių pamainų ir tokio turinio laišką Izraelio karaliui: „Kai šis laiškas pasieks tave, žinok, kad pasiunčiau pas tave savo tarną Naamaną, kad išgydytumei jį nuo raupsų." (Karalių antra knyga 5, 6). Tuo metu Aramas buvo stipresnė už Izraelį valstybė. Perskaitęs tą laišką, Izraelio karalius persiplėšė drabužius ir sušuko: „Argi aš Dievas, kad šis bičiulis siunčia man žmogų išgydyti nuo raupsų? Patys matote, kad jis ieško priekabių."

Kai Izraelio pranašas Eliziejus išgirdo šią naujieną, jis atėjo pas karalių ir tarė: „Kodėl persiplėšei drabužius? Teateina jis pas mane ir sužinos, kad yra pranašas Izraelyje." (8-a eilutė). Izraelio karaliui išsiuntus Naamaną pas Eliziejų, šis nepasitiko generolo, tik per pasiuntinį pasakė: „Eik ir nusimaudyk Jordano upėje septynis kartus; tavo kūnas išgis, ir tu būsi švarus." (10-a eilutė).

Kaip pasijuto Naamanas, atvykęs su savo žirgais ir vežimais prie Eliziejaus namų, kai pranašas neišėjo net susitikti su juo? Generolas supyko. Jis manė, kad atvykus už Izraelį stipresnės valstybės kariuomenės vadui, pranašas širdingai pasveikins jį ir uždės rankas ant jo. Vietoj to, Naamanas buvo šaltai priimtas ir išgirdo paliepimą nusimaudyti seklioje ir purvinoje Jordano upėje.

Naamanas supyko ir ketino grįžti namo: „Aš maniau, tarė, kad jis tikrai išeis pas mane, atsistos, šauksis VIEŠPATIES, savo Dievo, vardo, pamojuos ranka virš tos vietos ir išgydys nuo raupsų! Argi Damasko upės Abana ir Parparas nėra geresnės už visus Izraelio vandenis? Nejau negalėčiau jose nusimaudyti ir būti švarus?" (11-a ir 12-a eilutės) Naamano tarnai ėmė prašyti: "Tėve, jei pranašas būtų įsakęs tau ką nors nepaprasta padaryti, ar tu nebūtumei to daręs? Juo labiau, kad jis tau pasakė: 'Nusimaudyk ir būsi švarus?'" Jie ragino savo valdovą paklausyti Eliziejaus nurodymų.

Kas atsitiko, kai Naamanas pasinėrė į Jordaną septynis kartus, kaip Eliziejus jam buvo sakęs? Jo kūnas pasidarė švarus kaip mažo berniuko. Raupsai, kėlę Naamanui tiek kančių, buvo visiškai išgydyti. Kai neišgydoma liga buvo visiškai išgydyta, Naamanui paklausius Dievo vyro, generolas pripažino gyvąjį Dievą ir Jo tarną Eliziejų.

Išgydytas gyvojo Dievo – Dievo raupsų Gydytojo – Naamanas sugrįžo pas Eliziejų ir tarė: "Dabar žinau, kad nėra Dievo visoje žemėje, išskyrus Izraelį. Tad prašyčiau priimti dovaną iš savo tarno." Bet Eliziejus atsakė: "Kaip gyvas VIEŠPATS, kuriam tarnauju, aš neimsiu!" Jis primygtinai ragino jį priimti, bet šis atsisakinėjo. Tada Naamanas tarė: "Jeigu ne, tai prašyčiau man, tavo tarnui, duoti žemės, kiek gali panešti du mulai, nes tavo tarnas niekada daugiau nebedarys deginamosios aukos ir nebeatnašaus aukos jokiam kitam dievui, išskyrus

VIEŠPATĮ," ir garbino Dievą (Karalių antra knyga 5, 15-17).

Naamano tikėjimas ir darbai

Pažvelkime į Naamaną, kuris sutiko Dievą Gydytoją ir buvo išgydytas nuo nepagydomos ligos tikėjimą ir darbus.

1. Naamanas turėjo gerą sąžinę

Kai kurie žmonės greitai patiki kitų žodžiais, kiti linkę visada abejoti ir nepasitikėti kitais. Naamanas turėjo gerą sąžinę, todėl geranoriškai priėmė kitų žmonių patarimus. Jis nuvyko į Izraelį, paklausė Eliziejaus nurodymų ir buvo išgydytas todėl, kad ne atmetė, bet įdėmiai išklausė jaunos mergaitės, tarnaujančios jo žmonai, žodžius ir patikėjo jais. kai ši mergaitė, paimta į nelaisvę iš Izraelio, pasakė jo žmonai: „Kad nueitų mano šeimininkas Samarijon pas pranašą, jis išgydytų jo raupsus," Naamanas patikėjo ja. Įsivaizduokite save Naamano vietoje. Ką jūs darytumėte? Ar priimtumėte mergaitės praneštą žinią?

Nepaisant šiuolaikinės medicinos pasiekimų, yra daug ligų, prieš kurias medicina bejėgė. Jeigu pasakytumėte, kad buvote Dievo išgydyti nuo nepagydomų ligų arba pasveikote po maldos už jus, ar daug kas tikėtų jumis? Naamanas patikėjo jauna mergaite, paprašė savo karaliaus leidimo, nuvyko į Izraelį ir buvo išgydytas nuo raupsų. Kitaip tariant, Naamanas turėjo gerą sąžinę, todėl priėmė mergaitės žodžius, kai ši evangelizavo jį, ir paklausė patarimo. Mes taip pat turime suprasti, kad klausydami evangelijos galime sulaukti savo problemų sprendimo, jeigu tikime skelbiama žinia ir ateiname pas Dievą kaip Naamanas.

2. Naamanas palaužė savo mintis

Nukeliavęs į Izraelį su savo karaliaus pagalba ir atvykęs prie galinčio išgydyti raupsus pranašo Eliziejaus namų, Naamanas buvo šaltai sutiktas. Jis tikrai supyko, kai Eliziejus, kuris netikinčio Naamano akyse neturėjo daug garbės ar aukštos socialinės padėties, nepasitiko ištikimo Aramo karaliaus tarno ir liepė Naamanui – per pasiuntinį – nusimaudyti Jordano upėje septynis kartus. Naamanas įtūžo, nes buvo Aramo karalius asmeniškai pasiųstas. Be to, Eliziejus net neištiesė rankos, ir pasakė, kad norėdamas tapti švarus Naamanas turi nusimaudyti sekliame ir purviname Jordane.

Naamanas supyko ant pranašo Eliziejaus dėl jo elgesio, kurio jis negalėjo suvokti savo protu. Generolas susiruošė grįžti namo manydamas, kad jo šalyje yra didesnių ir švaresnių upių, kuriose galėtų nusimaudyti ir būti švarus. Tuomet Naamano tarnai paragino savo šeimininką paklausyti Eliziejaus nurodymų ir nusimaudyti Jordane.

Naamanas turėjo gerą sąžinę, todėl nusprendė nesielgti, kaip buvo sumanęs, bet įvykdyti Eliziejaus nurodymus, ir nukeliavo prie Jordano. Ar daug žmonių, užimančių tokią aukštą socialinę padėtį kaip Naamanas, atgailautų ir paklausytų savo tarnų ar kitų žemesnę padėtį užimančių žmonių raginimų?

Kai parašyta Izaijo knygoje 55, 8-9: „Juk mano mintys ne jūsų mintys, o mano keliai ne jūsų keliai, tai VIEŠPATIES žodis. Kaip aukštas dangus viršum žemės, taip mano keliai viršija jūsų kelius ir mano mintys jūsų mintis," kai laikomės žmogaus minčių ir teorijų, negalime paklusti Dievo žodžiui. Prisiminkime Dievui nepaklusnaus karaliaus Sauliaus pabaigą. Kai vadovaujamės žmogaus protu ir nevykdome Dievo valios, nepripažindami savo nepaklusnumo, turime prisiminti, kad Dievas apleis ir atmes mus, kaip apleido ir atmetė karalių Saulių. Samuelio pirmoje knygoje 15, 22-23 parašyta: „Į tai Samuelis atsakė: ‚Argi tiek pat džiugina VIEŠPATĮ deginamosios aukos ir kruvinos aukos, kiek klusnumas VIEŠPATIES balsui? Tikrai klusnumas geriau už kruviną auką, ir atsidavimas už avinų taukus. Juk nepaklusnumas ne mažesnė nuodėmė už būrimą, o pasikliovimas savimi tarsi stabmeldystės blogis. Už tai, kad atmetei VIEŠPATIES žodį, jis atmetė tave nuo karaliavimo.'" Naamanas persigalvojo ir nutarė palaužti savo mintis bei vykdyti Dievo žmogaus Eliziejaus nurodymus.

Todėl turime prisiminti, kad tik atsikratę nepaklusnumo širdyje ir išsiugdę paklusnumą Dievo valiai, gausime tai, ko trokšta mūsų širdis.

3. Naamanas pakluso pranašo žodžiui

Vykdydamas Eliziejaus nurodymus, Naamanas nukeliavo prie Jordano ir nusimaudė. Daug upių buvo platesnės ir švaresnės už Jordaną, bet Eliziejaus nurodymas nusimaudyti Jordane turėjo dvasinę reikšmę. Jordano upė simbolizuoja išgelbėjimą, o vanduo – Dievo žodį, kuris nuplauna žmonių nuodėmes ir leidžia pasiekti jiems amžinąjį gyvenimą (Evangelija pagal Joną 4, 14). Štai kodėl Eliziejus norėjo, kad Naamanas nusimaudytų Jordano upėje, vedančioje į išgelbėjimą. Nepaisant, kad daug kitų upių buvo didesnės ir švaresnės, jos nevedė žmonių į išgelbėjimą ir neturėjo nieko bendra su Dievu, todėl jų vandenyse negalėjo apsireikšti Dievo darbai.

Kaip Jėzus pasakė Evangelijoje pagal Joną 3, 5: „Iš tiesų, iš tiesų sakau tau: kas negims iš vandens ir Dvasios, neįeis į Dievo karalystę," nusimaudymas Jordane atvėrė Naamanui kelią į nuodėmių atleidimą, išgelbėjimą ir susitikimą su gyvuoju Dievu.

Kodėl Naamanui buvo liepta pasinerti septynis kartus? Skaičius „septyni" simbolizuoja tobulumą. Sakydamas

Naamanui septynis kartus nusimaudyti, Eliziejus sakė generolui gauti nuodėmių atleidimą ir gyventi pagal Dievo žodį. Tik po to visagalis Dievas suteiks stebuklingą išgydymą ir patrauks bet kokią neišgydomą ligą.

Naamanas išgijo nuo raupsų, prieš kuriuos medicina ir žmonės buvo bejėgiai todėl, kad paklausė pranašo žodžio. Šventasis Raštas sako: „Dievo žodis yra gyvas, veiksmingas, aštresnis už bet kokį dviašmenį kalaviją. Jis prasiskverbia iki sielos ir dvasios atšakos, iki sąnarių ir kaulų smegenų, ir teisia širdies sumanymus bei mintis. Jam nėra jokių paslėptų kūrinių, bet visa yra gryna ir atidengta akims to, kuriam turėsime duoti apyskaitą" (Laiškas hebrajams 4, 12-13).

Naamanas atėjo pas Dievą, kuriam nieko nėra neįmanomo, palaužė savo mintis, atgailavo ir pakluso Jo valiai. Naamanui septynis kartus pasinėrus Jordane, Dievas matė jo tikėjimą, išgydė raupsus, ir jo kūnas tapo švarus kaip mažo berniuko.

Raupsų išgydymu, įmanomu tik Jo galiai, Dievas mums sako, kad bet kokia nepagydoma liga gali būti išgydyta, kai mes džiuginame Jį savo tikėjimu, kurį lydi darbai.

Naamanas garbina Dievą

Išgydytas nuo raupsų Naamanas, sugrįžęs pas Eliziejų, pasakė: „Dabar žinau, kad nėra Dievo visoje žemėje, išskyrus Izraelį. Tavo tarnas niekada daugiau neatnašaus aukos jokiam kitam dievui, išskyrus VIEŠPATĮ," ir garbino Dievą.

Evangelija pagal Luką 17, 11-19 pasakoja, kaip Jėzus išgydė dešimt raupsuotųjų. Tačiau tik vienas iš jų sugrįžo pas Jėzų, garsiai šlovindamas Dievą ir dėkodamas puolė Jėzui po kojų. 17-oje ir 18-oje eilutėse Jėzus žmogaus paklausė: „Argi ne dešimt pasveiko? Kur dar devyni? Niekas nepanorėjo sugrįžti ir atiduoti Dievui garbę, kaip tik šitas svetimtautis!" 19-oje eilutėje Jis pasakė tam žmogui: „Kelkis, eik! Tavo tikėjimas išgelbėjo tave."

Jeigu Dievas išgydo mus savo galia, turime ne tik garbinti Jį, priimti Jėzų Kristų ir išgelbėjimą, bet ir gyventi pagal Dievo žodį.

Naamanas turėjo darbų lydimą tikėjimą, per kurį buvo išgydytas nuo raupsų, tais laikais nepagydomos ligos. Jis turėjo gerą sąžinę ir patikėjo tuo, ką pasakė jauna tarnaitė, paimta į nelaisvę. Jis turėjo tikėjimą, kuris įkvėpė jį atgabenti pranašui brangių dovanų. Jis darbais parodė savo paklusnumą, nors pranašo Eliziejaus nurodymai buvo visai kitokie, negu jis tikėjosi.

Pagonis Naamanas sirgo neišgydoma liga, bet per savo ligą susitiko su gyvuoju Dievu ir buvo stebuklingai išgydytas.

Kiekvienas, kuris ateina pas visagalį Dievą ir parodo savo tikėjimą bei darbus, bus išvaduotas iš visų savo bėdų, kad ir kokios didelės jos būtų.

Įgykite brangų tikėjimą, rodykite jį darbais, tepradingsta visos jūsų gyvenimo problemos, būkite palaiminti šventieji, garbinantys Dievą, meldžiu mūsų Viešpaties vardu.

Autorius:
Dr. Jaerock Lee

Dr. Jaerock Lee gimė 1943 metais Korėjos Respublikos Jonams provincijoje. Būdamas dvidešimties jis jau septynerius metus sirgo daugybe nepagydomų ligų ir laukė mirties, neturėdamas vilties pasveikti. Tačiau 1974 metais jo sesuo nusivedė jį į vieną bažnyčią, ir kai jis atsiklaupė pasimelsti, Gyvasis Dievas iš karto išgydė jį nuo visų ligų.

Nuo tos akimirkos, kai dr. Lee susitiko su Gyvuoju Dievu, jis pamilo Dievą visa savo širdimi ir 1978 m. jis buvo pašauktas Dievo tapti Jo tarnu. Jis karštai meldėsi, norėdamas aiškiai sužinoti Dievo valią, visiškai ją įvykdyti ir paklusti visam Dievo Žodžiui. 1982 m. jis įsteigė Manmin centrinę bažnyčią Seule, Korėjoje, ir nuo to laiko joje vyksta nesuskaičiuojami Dievo darbai – antgamtiški išgydymai ir stebuklai.

1986 m. kasmetinės Korėjos Jėzaus Bažnyčios „Sunkiu" asamblėjos metu dr. Lee buvo įšventintas pastoriumi, o 1990 m. – praėjus tik ketveriems metams – jo pamokslai buvo transliuojami Australijoje, Rusijoje, Filipinuose ir daugelyje kitų šalių Tolimųjų Rytų radijo transliacijų kompanijos, Azijos radijo transliacijų stoties ir Vašingtono krikščionių radijo sistemos dėka.

Po trejų metų, 1993, Manmin centrinė bažnyčia buvo išrinkta Amerikos žurnalo „Christian World" viena iš „50 geriausių pasaulio bažnyčių", ir jis gavo teologijos garbės daktaro laipsnį Krikščionių Tikėjimo Koledže, Floridoje, JAV, o 1996 m. Teologijos seminarijos „Kingsway" (Ajova, JAV), dvasinės tarnystės daktaro laipsnį.

Nuo 1993 m. dr. Lee tapo pasaulinių misijų lyderiu, rengdamas daug evangelizacinių kampanijų Tanzanijoje, Argentinoje, Los Andžele, Baltimorėje, Havajuose, Niujorke, Ugandoje, Japonijoje, Pakistane, Kenijoje, Filipinuose, Hondūre, Indijoje, Rusijoje, Vokietijoje, Peru, Kongo Demokratinėje Respublikoje, Izraelyje ir Estijoje.

2002 m. Korėjos pagrindinių krikščioniškų laikraščių už savo veiklą įvairiose Didžiosiose jungtinėse evangelizacinėse kampanijose jis buvo pavadintas „pasaulinio masto pastoriumi". Jis surengė „Niujorko evangelizacinę kampaniją 2006" garsiausioje pasaulio arenoje „Madison Square Garden." Šis renginys buvo transliuojamas 220 tautų, o savo „Izraelio vieningoje evangelizacinėje kampanijoje 2009", kuri vyko Jeruzalės tarptautiniame konvencijų centre (ICC), jis drąsiai skelbė, kad Jėzus Kristus yra Mesijas ir Gelbėtojas.

Jo pamokslai transliuojami į 176 šalis per palydovus, įskaitant GCN TV. Populiarus Rusijos krikščioniškas žurnalas „Pergalėje" ir naujienų agentūra „Christian Telegraph" už jo tarnystę per TV ir misionierišką veiklą įtraukė jį į įtakingiausių krikščionių vadovų dešimtuką 2009 ir 2010 metais.

2013 metų gegužės mėnesio duomenimis, Manmin Centrinei Bažnyčiai priklauso daugiau negu 120 000 narių. Visame pasaulyje yra 10 000 dukterinių bažnyčių, įskaitant 56 vietos bažnyčias, daugiau negu 129 misionieriai buvo paskirti darbui 23 šalyse, įskaitant Jungtines Valstijas, Rusiją, Vokietiją, Kanadą, Japoniją, Kiniją, Prancūziją, Indiją, Keniją ir daug kitų šalių.

Šios knygos išleidimo metu, Dr. Lee buvo parašęs 85 knygas, įskaitant bestselerius „Patirti amžinąjį gyvenimą anksčiau už mirtį", „Mano gyvenimas, mano tikėjimas 1 ir 2", „Kryžiaus žinia", „Tikėjimo mastas", „Dangus 1 ir 2", „Pragaras" ir „Dievo jėga". Jo darbai išversti į daugiau negu 75 kalbas.

Jo krikščioniški straipsniai spausdinami šiuose leidiniuose: „The Hankook Ilbo", „The JoongAng Daily", „The Dong-A Ilbo", „The Munhwa Ilbo", „The Seoul Shinmun", „The Kyunghyang Shinmun", „The Hankyoreh Shinmun", „The Korea Economic Daily", „The Korea Herald", „The Shisa News" ir „The Christian Press".

Šiuo metu Dr. Lee yra daugelio misijų organizacijų ir asociacijų vadovas: Jėzaus Kristaus jungtinės šventumo bažnyčios pirmininkas, Manmin pasaulinės misijos pirmininkas, Pasaulinės krikščionybės prabudimo misijų asociacijos nuolatinis pirmininkas, Manmin, Pasaulinio krikščionių tinklo (GCN) steigėjas ir tarybos pirmininkas, Pasaulio krikščionių gydytojų tinklo (WCDN) steigėjas ir tarybos pirmininkas, Tarptautinės Manmin seminarijos (MIS) steigėjas ir tarybos pirmininkas.

Kitos vertingos to paties autoriaus knygos

Dangus (1 ir 2 dalys)

Žavios gyvenimo aplinkos, kurioje gyvena Dangaus piliečiai, detalus aprašymas ir puikus skirtingų dangaus karalystės lygių pavaizdavimas.

Mano Gyvenimas, Mano Tikėjimas (1 ir 2 dalys)

Gardžiausias dvasinis aromatas, sklindantis iš gyvenimo, kuris tamsių bangų, šalto jungo ir neapsakomos nevilties laikais žydėjo neprilygstama meile Dievui.

Patirti Amžinąjį Gyvenimą Anksčiau už Mirtį

Dr. Džeiroko Li, kuris buvo gimęs iš naujo, išgelbėtas iš mirties šešėlio slėnio ir gyvena pavyzdingą krikščionišką gyvenimą, liudijimo memuarai.

Tikėjimo Saikas

Kokia buveinė, karūna ir apdovanojimai laukia jūsų Danguje? Ši knyga išmintingai ir kryptingai padės jums nustatyti savo tikėjimo saiką ir išugdyti geriausią ir brandžiausią tikėjimą.

Pragaras

Nuoširdus pamokslas visiems žmonėms nuo paties Dievo, kuris nori, kad nei viena siela nepatektų į pragaro gelmes! Sužinosite apie visai jums nepažįstamą pragaro gelmių realybę.

www.urimbooks.com

www.ingramcontent.com/pod-product-compliance
Lightning Source LLC
LaVergne TN
LVHW052048070526
838201LV00086B/5072